国家社科基金
GUOJIA SHEKE JIJIN HOUQI ZIZHU XIANGMU
后期资助项目

中等收入者的结构特征与扩大路径

Zhongdeng Shouruzhe de Jiegou Tezheng yu Kuoda Lujing

万海远 等 / 著

中国财经出版传媒集团
中国财政经济出版社

国家社科基金后期资助项目
出版说明

后期资助项目是国家社科基金设立的一类重要项目，旨在鼓励广大社科研究者潜心治学，支持基础研究多出优秀成果。它是经过严格评审，从接近完成的科研成果中遴选立项的。为扩大后期资助项目的影响，更好地推动学术发展，促进成果转化，全国哲学社会科学工作办公室按照“统一设计、统一标识、统一版式、形成系列”的总体要求，组织出版国家社科基金后期资助项目成果。

全国哲学社会科学工作办公室

前　言

中等收入者是居民消费潜力增长的重要来源，是社会群体和谐相处的关键力量。在我国经济增速逐渐放缓的背景下，居民收入增速下降、收入差距高位运行、消费贡献低迷和社会稳定风险抬头等问题持续存在，研究扩大中等收入者比重问题，不仅可以为缩小收入差距和扩大消费提供对策，而且对于我国经济社会“调结构、稳增长、促发展、保稳定”具有重要意义。

本书研究对象聚焦中等收入者，研究内容包括中等收入者的界定标准、规模特征、潜在来源、消费贡献、收入流动性、社会诉求、远景目标和改革建议。从结构顺序上，本书首先定义我国中等收入者概念，提出一个国际横向可比、不同时期纵向也可比的界定标准；再分析中等收入者的总体规模、结构分布、人口学特征及其异质性，讨论中等收入者规模的影响因素和潜在来源，考察中等收入者的收入流动性和结构变迁等，并聚焦中等收入者的消费结构、消费潜力和消费贡献，以提高中等收入者作为经济增长稳定器的重要作用；在此基础上，进一步分析中等收入者的主观与客观认同，以提升其群体行为稳定性和社会认同感，最后回到扩大中等收入者比重的国际比较及政策措施上来。本书的研究主要有以下发现：

收入差距没有显著缩小而仍在高位运行。尽管农村居民收入增速高于城镇、城乡差距有所缩小，但并不能由此判断我国未来的收入差距水平会稳步下降，更不能断言我国分配差距问题出现了“拐点”。当前只有“收入差距基尼系数下降”与“劳动收入占比上升”这两个指标出现好转，其余指标不但没有出现改善，反而在一定程度上出现了扩大趋势，包括“高低分位收入比逐渐增加”“财产性与工资性收入比明显上升”和“收入流动性有所下降”，甚至“工资差距”和“财产差距”水平都存在提高趋势。综合所有指标来看，我们认为我国分配差距在短期内并不会显著稳步地下降，而是仍将在高位运行。城乡一体化带来的收入分配结构性改善，仍然无法改变我国分配差距总量较大和局部扩大的现状。

我国中等收入者比重偏低但绝对规模非常可观。根据不同的国际和国内标准计算我国中等收入者比重，均发现我国中等收入群体已形成一定的规模。利用2018年数据，如果将10—100美元（人均每天）作为我国中等收入者收入的上下限，则我国中等收入者比重为54.2%；如果使用国家统计局的标准（家庭年收入介于10万—40万元之间），我国中等收入者比重达到28.9%；如果把绝对标准和相对标准结合，采用全世界所有国家收入中位数的67%—200%作为下限和上限来定义，则发现我国中等收入者比重为29.5%。不管以何种标准计算，2018年我国中等收入者比重相对偏低，中等收入群体的相对规模较小，但绝对规模达到4.1亿人，数量比较可观。

我国中等收入者的真正问题是消费贡献不足。中等收入者是居民消费贡献的主要群体，但我国中等收入者的消费拉动作用没有得到充分发挥。中等收入者的边际消费倾向不高，消费结构与低收入者相比没有明显差异，使得中等收入者的作用没有充分发挥出来。未来，政策上要把增强中等收入者的获得感、存在感和安全感作为核心，通过制度和政策设计来减少他们面临的各种风险，减少未来的各种不确定性，以增强他们自身的主观认同，从而达到稳定行为模式、提升边际消费倾向的目的，并进一步提升中等收入者对经济增长的贡献。

设定2035年中等收入者比重达到50%的非强制性目标。当前我国中等收入者比重进入快速提高阶段。在经济增速下滑和社会稳定风险增加的背景下，未来有必要继续提高中等收入者比重，到2035年争取达到50%。按照我们定义的标准来计算，2018年我国中等收入者比重在30%左右。考虑到新冠肺炎疫情的影响，我国经济增速可能会下降至5%左右，但是全球平均增速会明显下降到2%或1%，若把这种相对增长率因素考虑进去，则2035年我国中等收入者比重会达到45%左右，再考虑到未来我国收入分配差距基本稳定，到2035年我国中等收入者比重达到50%的目标是基本可行的。但考虑到设定明确目标会带来现实政策执行中的扭曲，建议仅确定非强制性目标，并且全国仅设置这一个预期性目标。

“提低”而不是“限高”才是扩大中等收入者比重的政策出路。我国低收入群体规模很大，未来要扩大中等收入者比重，根本着力点在于要提高低收入者的收入水平，使其进入中等收入者行列，而不是要拉平高收入者的收入、使其成为中等收入者。在2020年现行标准下所有贫困人口脱贫后，会有更多家庭进入中等收入行列；再加上还存在大量的其他低收入者，如果能实行良好的社会保障制度等，就有可能把相当一部分低收入者提升到中等收入者行列当中。最重要的是，过去几年的政策经验表明，“提低”是缩小我国收入分配差距最有效的手段，各种惠农资金、转移补贴和社会托底政策，使得我国近年来的收入差距出现局部缩小迹象。所以说，要扩大中等收入者比重，政策的核心在于“提低”。

农民工是未来扩大中等收入者规模的重要来源。在新型城镇化背景下，农民工已成为中国经济增长的重要动力来源。2018 年，我国农民工数量已经达到 2.88 亿人，约占全国劳动年龄人口的 32%。同时，农民工收入在过去经历了快速增长，部分高收入农民工已经跨越中等收入门槛。根据国家统计局数据，2018 年全国农民工人均月收入 3721 元，其中交通运输、仓储和邮政业农民工的月均工资达到 4345 元，远超过各种标准定义的中等收入者下限。数量规模庞大和相当一部分农民工的收入已达到中等收入门槛，使得农民工成为未来中等收入群体扩大的重要来源。所以在政策上，要加速引导农民工进入中等收入者行列，成为中等收入群体扩大的主要来源。

在上述结论的基础上，本书建议从五个方面提高中等收入群体比重。

第一，促进收入增长。收入增长是稳定实现“橄榄形”收入分配格局的最主要前提。只有保持收入稳定增长，才能更好地解决其他问题。在新时期高质量经济发展背景下，居民收入增速可能放缓。在此背景下，要继续实施居民增收有关的激励政策，增加国民收入在宏观收入分配中的份额，同时解决好就业问题等。

第二，缩小收入差距。目前中国的收入差距仍然处于高位，其结果是低收入群体从经济增长中的获益不足，抑制低收入群体的消费能力。需要进一步落实针对中低收入群体的减税降负政策、就业创业扶持政策、技能提升相关政策，完善以中低收入群体为主要对象的居民增收措施。

第三，让有潜力的低收入人群尽快步入中等收入者行列。在保持较稳定的收入增长率、尽可能缩小收入差距的背景下，需要有针对性地“提低”。我国城乡差距和地区差距较大，农村地区和西部地区还存在较大比例的低收入群体。让这些群体尽快进入中等收入群体行列是形成“橄榄形”收入分配格局的重要途径，也是预期效果最为明显的政策方向。同时，需要考虑城乡和地区发展不平衡问题，制定差异化的标准和政策。

第四，稳定中等收入群体。城镇地区的中等收入者规模相对较大，但美好生活的获得感并不强，这里涉及许多经济约束和潜在支出负担问题。为稳定中等收入群体，需要更为完善的就业创业支持政策，在高质量发展背景下稳定就业，防止失业；需要完善住房保障、养老保障、医疗保障等方面的制度政策，让中等收入群体能够安心工作，放心消费，追求美好生活的获得感。

第五，完善扩大中等收入者规模的具体对策。如制定措施来增加农民工收入、支持个体工商户改善营商环境，使其顺利进入中等收入者行列；同时也要抑制资产价格过度波动，防止中等收入者掉入低收入陷阱；还要进一步改革教育、医疗和养老等方面的制度，实现我国中等收入者比重快速稳定增长。

目　录

第一章 研究背景与结构思路

在百年未有之大变局下，近年来国际环境发生重大变化，全球不平等问题突出，一些国家贫富分化，中产阶层塌陷，导致社会撕裂、政治极化等。[①] 在全球收入差距不断扩大的背景下，许多国家出现了不同形式的社会运动，居民要求更多福利、更高共享的声音日渐突出，社会福利思潮回归迹象明显，目前世界范围内已进入共享发展的关键时期。在我国全面建成小康社会、实现第一个百年奋斗目标之后，我们乘势而上开启全面建设社会主义现代化国家新征程、向第二个百年奋斗目标进军，现在到了扎实推动高质量共享发展的历史阶段。共同富裕不仅是国家长治久安的根本保证，也是人民群众的共同期盼。为更好满足人民日益增长的美好生活需要，必须把促进全体人民共同富裕作为为人民谋幸福的着力点，不断夯实党的长期执政基础。当前我国已进入民生保障体系建设的关键时期，对增进民生福祉提出更高要求，因此要不断改善民众生活水平、提升社会公平，从而高质量实现社会主义制度优越性。

共享发展不仅是经济社会发展的现实要求，更是经济结构性改革的重要手段。在加快构建以国内大循环为主体、国内国际双循环相互促进的新发展格局下，让发展成果更多更公平惠及全体人民，不仅是增强人民群众获得感、幸福感、安全感的根本来源，更是提升经济发展潜力、稳定经济增长动力、优化经济结构的根本战略。不均衡发展不仅会制约中低收入群体的消费能力，带来企业产品滞销、产出能力见顶，容易导致产能过剩、供需两端不匹配等结构性矛盾，并可能成为生产、消费、分配、流通等国民经济循环的突出堵点。从坚持问题导向出发，当前宏观经济重大任务就是要从供需两侧视角来畅通国内大循环，这可以通过中等收入群体比重来夯实高质量发展的动力基础，通过更高水平民生保障来刺激居民消费，拉

① 习近平："扎实推动共同富裕"，《求是》2021 年第 20 期。

动企业产品需求，带来企业经营状况改善，并反过来促进劳动就业，激发个体创新与创业潜能，提升经济增长潜力并增加社会活力，由此实现国民经济的长期、稳定和可持续增长。

在新的形势下，为什么要关注扩大中等收入群体问题？它不仅是共享发展的应有之义，更是促进全体人民共同富裕的必由之路，也是现实宏观经济社会政策的起点。过去有关研究从政治阶级、社会群体和经济分组等角度进行了全方位探讨，但近几年全球范围内再次兴起了关于中等收入者问题的讨论热潮。有统计显示，2009 年全球性金融危机之后，在百年未有之大变局下，全球各国收入分配领域出现了一些新特点和新问题，收入差距扩大、社会流动性固化、分配两极分化现象明显，这实际上都与低收入群体向上流动性下降、中等收入群体出现中空有本质关系。在中国特色社会主义背景下，我们当下也特别关注中等收入者问题，这主要基于短期、中期和长期三个时间维度的原因，分别与短期的社会稳定、中期的经济增长、长期的国家健康发展和远期的长治久安相对应。

一、短期社会和谐稳定

近年来收入分配出现了全球性的大变动，世界各国都出现了不同层面的突发性大事件，如 2008 年金融危机，2011 年占领华尔街，2015 年贸易保护主义，2016 年反全球化浪潮，2018 年以来的各类大事件。这 10 年来全球范围内爆发了大规模群体性抗争，各种暴力革命、政权动荡、社会动乱数量远超之前世纪（Arampatzi 等，2018）。2019 年是 1968 年之后的又一个全球大抗议之年，其暴力革命、政权动荡、社会大动乱数量甚至超过之前。2019 年和 2020 年全球大抗议，对财富和政治精英是一个很大的考验，对经济社会稳定来说也是一个重大挑战。

总的来看，本轮的全球性抗议没有一个共同的导火索，也没有共通的主题，唯一的共同点，就是暴力革命背后的长期收入分配失衡问题，如收入流动性下降、社会阶层固化和群体利益分割对立，是本次全球性运动背后的共同现象（Campante 和 Chor，2012；Bhattacharya 等，2015）。这一切都与分配极化有很大关系，2009 年以来在欧美主流国家，收入差距居高不下，财富代际传递明显上升，资本在强势回归，资本回报率明显超过经济增长率，公共政策有效性下降，收入最高 1% 群体攫取了大部分财富，社会流动性在显著缩小。

随着近几年各种差距的扩大，各种社会矛盾不断增加，不平等现象逐渐成为所有问题的核心。随着世界范围内出现新一波的不平等扩大，“中产中空”几乎成为所有主要国家的共同现象，中等收入者问题逐渐成为各国政府和公众共同关注的焦点。使用全球居民相关指标计算1988—2008年间全球居民的收入增长率发现，60—95分位数增长率明显更低，而这一部分主要是富国的中低收入群体。如果单独使用美国2009—2019年数据，也发现明显的中产增速较低现象。与此同时，近年来许多国家都出现了逆全球化浪潮，反对最高1%社会精英的运动层出不穷，尤其是各主要国家都出现了反对“收入最高1%运动”，如“占领华尔街”“占领香榭丽大道运动”等。

全球都出现了百年未有之社会不稳定风险，在这样的大变局下，资本要素加速流动，各国经济社会大洗牌，东西方、南北方都在明显分化。从这个角度来看，大家关注中产群体，其实更加关注的是收入分配极化问题。两极分化的结果就是，两端人口在积聚，而中部出现中空，整个社会容易被撕裂成两个对立的群体，由此近期全球性社会不稳定现象凸显。当前我国中等收入群体已经初具规模，但整体收入韧性依然存在不足，收入不平衡问题仍没有得到很好解决，尤其是收入不平等、收入韧性不足、收入结构单一等问题，依然是制约我国中等收入群体高质量发展的重要因素。

二、中期经济增长动力

除了从短期社会稳定视角去关注中等收入者问题，从经济学视角看本质上则是关注其背后的经济增长。2020年以来暴发的新冠肺炎疫情使得全球经济陷入衰退，再加上中美战略性竞争加剧和逆全球化带来的国际贸易不确定性，全球经济增长前景黯淡。在逆全球化的背景下，许多国家都在不同程度上减缓了国际贸易进程，进出口规模明显收缩。我国近两年的进出口水平也出现明显波动，因此完全依赖于净出口作为经济增长动力是不现实的。在国内外环境发生显著变化的大背景下，中央作出“逐步形成以国内大循环为主体、国内国际双循环相互促进的新发展格局”的战略判断。应该说，无论是国内循环还是国际循环，出发点和归宿点都在于国内需求，其中的重点就在于中等收入者的居民消费需求。

从各种标准来看，我国都拥有规模庞大的中等收入人群，他们具有稳定的消费意愿和消费能力，会源源不断地释放消费潜力，为中国经济增长提供新动能。因此壮大中等收入群体、提高他们的收入并扩大消费，就成为我国中长期经济增长的战略需要。在实现全面建成小康社会后，在2020年开启第二个百年奋斗目标的背景下，我们需要中速以上的经济增长水平，从而夯实2035年基本实现社会主义现代化的重要基础。在经济增速回落，尤其是投资和外贸对经济增长拉动作用下降的背景下，扩大中等收入群体、提升中等收入者的消费贡献，将有助于经济可持续发展，推进经济转型升级和稳定增长。我国作为世界上人口最多的第二大经济体，不仅拥有超大型的国内市场，还拥有14亿人口，因此如何扩大其中庞大的中等收入群体的消费需求，是稳定和促进经济增长的核心着力点。由此可以说中等收入群体是国民经济发展格局的重要组成部分，是推动经济高质量发展和社会平稳运行的重要保障。

三、长期发展共同富裕

党的十九届五中全会提出，到2035年共同富裕目标要取得更为明显的实质性进展，到2050年基本实现共同富裕。为什么要在这个时候提出并细化明确共同富裕之路？应该说这既是中国共产党的目标初心，是乘势而上的新的历史使命，更是经济社会发展的现实要求。在新发展阶段，推进共同富裕是经济结构调整的主要举措，是维护社会稳定的重要环节，更是坚定政治信仰的群众基础[①]。党中央在新发展理念下提出共同富裕这个目标，并明确具体的时间表和路线图，说明共享发展对于经济社会全局的重要性，是新时代国家改革发展转型的重要标志。

中国共产党领导下的社会主义现代化，目的是促进人的全面发展和各个主体的自我发展，是回应全体人民共享需求和体现以人民为中心的过程。当前我国进入民生保障体系建设的关键时期，对民生福祉提出更高要求，因此要不断改善民众生活水平、提升社会公平，真正体现出社会主义制度优越性。当前我国社会主要矛盾已经转化为“人民日益增长的美好生活需要与不平衡不充分的发展之间的矛盾”，这需要进一步把握新发展阶

① 宋晓梧等：《不平等挑战中国：收入分配的思考与讨论》，社会科学文献出版社2013年版。

段，贯彻新发展理念，构建新发展格局，在高质量发展道路上持续推进全体人民致富增收。近年来我国居民收入差距仍然较大，城乡间、区域间和人群间发展差距相对明显，部分地区居民生活水平仍亟待提高，中等收入群体比重还有待提高，这是新阶段推进共同富裕的最主要任务之一。

四、远期国家长治久安

从近些年美国和欧洲的情况看，即便进入高收入社会，若出现中产萎缩和社会对立等现象，依然可能催生民粹主义，导致社会分裂和政治极化现象。近十年来，在发生占领华尔街运动的美国和社会冲突不断的一些国家，都出现了就业率下降、收入增长停滞和中产普遍受损的情况，由此带来大众不满情绪的高涨，并使得中产成为社会不安定的重要来源。美国贫富两极分化，再加上种族极化问题，已经给全世界敲响了警钟。一个普遍接受的共识是要稳定扩大中产群体，以实现社会的良治平衡。

中等收入者是社会稳定的关键支柱，是国家长治久安的重要根基。在国际、国内两个格局下，中等收入群体是社会治理的纽带，更是社会良性互动的基础，也是国家长远发展的主要推动力量。在我国经济增速放缓、收入差距较大和社会稳定风险抬头的背景下，扩大中等收入者比重、畅通中等收入者流动通道，可以从根本上缩小收入分配极化，优化社会治理结构，减少社会矛盾来源。这关系到经济社会转型与改革发展全局，对于我国长期“调结构、稳增长、保稳定”具有重要战略意义。在全球化时代，人民福祉逐渐成为制度竞争优势的重要内容，而中等收入群体为主的社会又是社会主义制度优越性的集中体现，因此为适应全球趋势和国家竞争大势，也需要我们主动提出壮大中等收入群体的现实要求。因此要不断改善民众生活水平，让更多人通过辛勤劳动迈入中等收入群体。

五、本书思路结构安排

中等收入群体研究不仅具有明显的现实含义，更对于未来的结构调整、经济可持续发展和社会稳定，具有重大意义。总体上，我国中等收入群体在促进消费和稳定经济增长方面发挥了重要作用，但是与当前的发展要求相比还有很大差距，尤其是我国中等收入群体的经济增长贡献仍然偏低。这不仅不利于经济结构调整，不利于维护社会稳定，也不利于改革发展目标的实现。因此，扩大中等收入群体及其贡献的研究，就显得非常重要。本书分为几个部分阐述。

一是我国中等收入群体的界定。中等收入群体界定一般包括绝对和相对标准，绝对标准是设定一个固定的收入上下限，而相对标准是利用人群中位数设定上下限。界定我国的中等收入者标准，必须满足以下几个条件。首先，它在不同时期具有可比性，以反映我国中等收入群体比重的变化；其次，它具有国际可比性，即能反映出我国居民收入普遍提高而带来的制度优越性；再次，它能反映收入分配结构的变化，能对中等收入群体的行为特征进行比较。如果要满足这些条件，一个简单的绝对或相对标准是不够的，而需要对两者进行结合。本书第二章从文献评述视角讨论了中等收入群体的界定标准，第三章从实证角度检验了界定标准的稳健性，并探讨了我国中等收入群体的比重及其变化趋势。

二是中等收入群体的结构特征和规模分布。根据前面确定的中等收入标准，第四章对中等收入群体在城乡和区域的空间分布状况进行考察，比较高收入群体、低收入群体和中等收入群体的个体和家庭特征，包括教育、性别、婚姻和就业状态等，也比较中等收入者的家庭资产、家庭赡养和家庭结构等。同时，第四章还比较中等收入群体的收入来源特征，尤其是要比较财产性收入在整体收入中的占比情况，以及在不同时期的变化趋势。第五章进一步细化规模庞大的中等收入群体，细化中产群体内部的异质性特征，从收入来源、户籍和职业行业角度观察对应的现实问题，从而为提炼政策建议提供基础。

三是评估主要政策对扩大中等收入者群体比重的作用效果。第六章直接检验主要宏观调节政策在扩大中等收入群体比重的不同效果，分解经济增长和收入分配的作用贡献，分析财政、税收、社会保障等公共政策的异质性影响，提炼主要政策在扩大中产群体中的不足和问题。

四是进一步关注潜在中等收入群体比重的政策方向。第七章聚焦接近中等收入者标准下限附近的低收入者，提炼如何提升他们收入并进入中等收入群体的政策方向。在此过程中，第八章利用微观数据分析中等收入者的收入流动性，以考察中等收入群体在不同时期内向上流动并成为高收入群体的比例，也同样分析向下流动成为低收入群体的原因机制等，从而为扩大中等收入群体提供政策思路。

五是中等收入群体的消费特征与消费贡献。通过中等收入群体的消费贡献来带动内需并驱动经济增长，是扩大中等收入群体的重要目的。第九章比较中等收入群体的边际消费倾向、消费意愿和消费能力，同时还分析中等收入群体的消费结构，讨论我国产业供给侧在满足中等收入者消费意愿的能力方面还存在哪些问题。另外第九章还估计了中等收入群体的消费增长潜力和消费贡献，从而对改善我国产业结构提出建议。

六是中等收入群体的主观认同和行为模式。由于我国贫富差距快速扩大，再加上仍存在的灰色收入、腐败收入等分配不公问题，居民的被剥夺感、脆弱感和焦虑感普遍存在，故中等收入群体的主观认同较低。第十章进一步分析主观认同偏低的原因，提出提高居民主观认同的有效途径。同时，中等收入群体是经济发展的受益者，一般都接受过良好教育、有稳定的社会预期，第十一章还进一步分析他们的社会行为模式，讨论中等收入者的社会诉求。

七是全方位的国际比较和国别案例情况。结合本书关于中等收入群体的界定标准、特征分布、规模趋势、消费贡献和流动性等问题，第十二章从国际视角提供了全方位的国别比较，讨论我国中等收入者存在的主要问题，分析未来政策的努力方向和推进路径。

八是扩大中等收入群体的政策建议。从中等收入群体在内需扩大和社会稳定中的重要作用出发，第十三章和第十四章讨论如何进一步扩大中等收入群体，包括农民工稳定进入中等收入群体、防范中等收入群体掉入低收入群体等。这两章还讨论如何增加中等收入群体的贡献，及适应中等收入群体的消费结构和多元化消费趋势。同时，还讨论政策上如何提升中等收入者对社会和政府的认可度，从而成为社会稳定的中坚力量。

本书的基本思路是，立足中国现实，在国内外关于中等收入群体已有研究的基础上，就我国中等收入群体的现状、问题与挑战进行研究，并就扩大中等收入群体比重和作用贡献提出针对性政策建议（见图1-1）。研究路径包括三个步骤。首先，对中等收入群体的现状、问题及成因进行分析。基于住户调查数据对当前我国中等收入群体的规模、分布及结构进行分析，概括中等收入群体现状特征，解剖中等收入群体的突出问题。其次，基于国际比较对我国中等收入群体的政策进展进行分析。在全球范围内，梳理各国扩大中等收入比重的政策，归纳各国稳定中等收入群体的具体措施，从而明确未来扩大我国中等收入群体的政策方向任务。再次，设计中等收入群体的扩大路径。为形成多元化路径协同共进、差异化推进扩大我国中等收入群体，提出具体的政策路线图，并根据当前中等收入群体的规模及特征现状，提出我国扩大中等收入群体的中长期规划和实施方案。

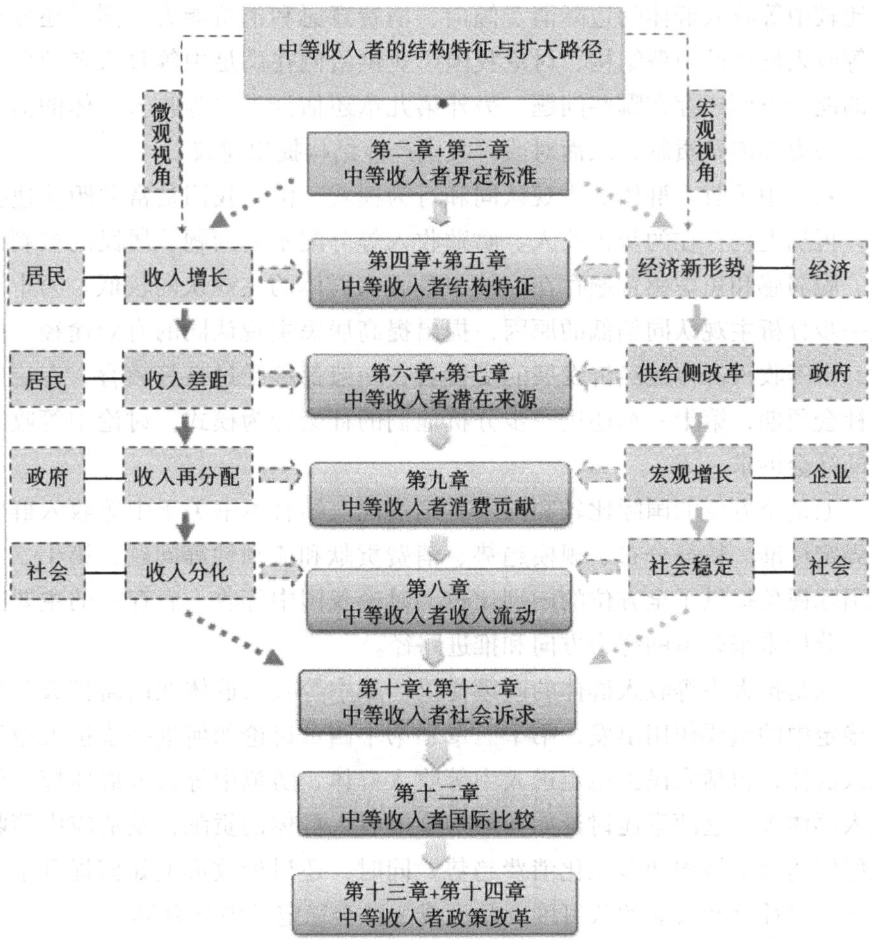
中等收入者的结构特征与扩大路径
微观视角
宏观视角
第二章+第三章
中等收入者界定标准
居民
收入增长
第四章+第五章
中等收入者结构特征
经济新形势
经济
居民
收入差距
第六章+第七章
中等收入者潜在来源
供给侧改革
政府
政府
收入再分配
第九章
中等收入者消费贡献
宏观增长
企业
社会
收入分化
第八章
中等收入者收入流动
社会稳定
社会
第十章+第十一章
中等收入者社会诉求
第十二章
中等收入者国际比较
第十三章+第十四章
中等收入者政策改革

图1－1　本书逻辑结构

第二章　我国中等收入者界定述评

由于中等收入者的概念内涵和界定标准不一致，再加上采用的数据来源和分析方法不同，文献中测算出我国中等收入者的规模及其变化趋势有很大差异，相互之间也没有可比性。因此，急需对中等收入者的界定标准加以梳理，并提出一个既符合我国国情，又具有国际可比性的标准。另外，从政策应用的角度考虑，只有明确了中等收入者的界定标准，才能进一步分析我国中等收入者的规模、特征和行为，并回答我国在“十四五”末期如何迈入高收入国家行列等相关问题。因此，本章拟通过文献评述的方法，提出对这部分群体一个相对合理的界定标准。①

一、我国中等收入者的概念演变

社会学在很早时期就开始研究中等收入者相关概念，分析时一般用“中产阶级”或“中等阶层”，侧重于政治和社会属性，关注职业、教育和政治身份等，我国在20世纪80年代转型前期通常使用这个概念。随着改革开放的推进，这个概念逐渐演变成“中等收入者”，研究内涵也从社会学扩展至经济学。“中等收入者”更多地从整体走向个体，侧重分析其在经济增长和社会稳定中所起的作用，因此也兼具经济学和社会学的含义。截至目前，这一群体还没有一个统一的称呼，比如社会学家倾向于从社会结构的角度将其称为“中产阶级”“中产阶层”“中间层”等，经济学家则倾向于从收入的角度将其称为“中等收入者”或“中间收入者”。比较来看，英文则比较简单，统称为“Middle Class”，而中文在不同时期则有丰富的不同含义，这也体现了中国特色社会主义政治经济学含义。近年

① 本章部分内容来自于杨修娜、万海远、李实：“我国中等收入群体比重及其特征”，《北京工商大学学报（社会科学版）》2018年11月。

来，随着我国收入差距扩大、经济稳定增长压力的上升，通过中等收入者来缩小收入差距并提升消费增长动力的诉求也日益迫切。因此，中等收入者问题，在十多年的沉寂之后，最近再次成为大家关注的焦点。

我国政策界过去曾沿用马克思列宁主义思想的分类，将社会分成工人阶级、农民阶级、知识分子等几个阶层，无论是从社会、经济还是政治层面，都不认可中等收入者的存在，并认为中国社会发展的最终目标是建立无阶级的社会。但是改革开放后，人们的观念逐渐发生变化。2002 年党的十六大提出“扩大中等收入者比重”的发展目标，以此建立中等收入者占多数、让多数人都能过上小康生活的“橄榄形”社会。此后，中国官方文件都沿用“中等收入者”或“中间收入者”的提法。比如，《中共中央关于制定国民经济和社会发展第十一个五年规划的建议》中明确指出，“要着力提高低收入者收入水平，逐步扩大中等收入者比重，有效调节过高收入”。党的十八大也提出①，到 2020 年我国要实现“收入分配差距缩小，中等收入者持续扩大，扶贫对象大幅减少”的目标。党的十八届三中全会提出“扩大中等收入者比重，努力缩小城乡、区域、行业收入分配差距，逐步形成橄榄形分配格局”的发展目标②。

二、基于阶层或职业的社会中间群体定义

一般认为，一个国家中产阶层或中等收入者的数量、特征和社会态度，是衡量社会结构和发展是否成熟的标准之一。总的来看，社会学家往往从社会结构的角度来理解社会中间群体，在具体定义时，倾向于从职业、受教育水平、主观认同等多维度指标来界定（详见表 2 – 1）。

表 2 – 1　　社会学家对我国中产定义及估算结果

	定义依据	数据	考察年份	使用的名称	比重
张翼（2008）	阶级分层	2006 年中国社科院社会学研究所的 CGSS 数据	2006	新中产阶级	9.32%
				老中产阶级	14.14%

① 胡锦涛：《坚定不移沿着中国特色社会主义道路前进为全面建成小康社会而奋斗——在中国共产党第十八次全国代表大会上的报告》（2012 年 11 月 8 日），人民出版社 2012 年版，第 18 页。

② 《中共中央关于全面深化改革若干重大问题的决定》，人民出版社 2013 年版，第 46 页。

续表

	定义依据	数据	考察年份	使用的名称	比重
李强（2005）	职业	1982年、1990年、2000年的“三普”“四普”“五普”数据	2005	中产阶级或中产阶层	不到15%
李强（2016）	职业	1982年、1990年、2000年、2010年的“三普”“四普”“五普”“六普”数据	1982	中产阶层	11.94%
			1990		14.21%
			2000		19.65%
			2010		30.05%
刘欣（2007）	职业	2003年的CGSS数据	2003	中产上层	7.60%
				中产下层	22.80%
李培林、张翼（2000）	衡量消费水平的恩格尔系数（=食物消费支出额/消费支出总额）	北京商情调查公司1999年3月对重庆市的入户抽样调查数据	1999	中间阶层	22%
李春玲（2003）	职业、收入、消费、主观认同感	2001年中国社科院“当代中国社会结构变迁”课题组调查数据	2001	职业——中产阶层	27%
				收入——中产阶层	24.60%
				消费——中产阶层	35%
				主观认同——中产阶层	46.80%
				“职业+收入+消费+主观认同”——中产阶层	2.80%
李春玲（2013）	职业、教育、收入	2011年中国社科院社会所的CGSS数据	2011	“职业+教育”——中产阶级	9.70%
				收入——中产阶级（年收入在30000元以上）	16.80%
				“职业+教育+收入”——中产阶级	7.70%
李培林、张翼（2008）	收入、职业、教育	2006年中国社科院社会所的CGSS数据	2006	收入——中产阶级	17.80%
				职业——中产阶级	22.40%
				教育——中产阶级	12.70%
				“收入+职业+教育”——中产阶级	3.20%

资料来源：作者根据文献整理。

（一）基于阶级分层

马克思主义者认为，资本家是统治阶级，工人阶级是受压迫阶级，而所有其他人群都是中产阶层。在很长一段历史时期内我国也一直沿用这种分类法。自 20 世纪 60 年代开始，一批新马克思主义者开始重新定义中产阶层，其中最具代表性的是 Wright（1985）。与传统的马克思主义者相同，Wright（1985）同样以是否占有生产资料（或资本资产）作为划分不同阶层的标准，但同时也参照了是否拥有组织资产和技术资产这一依据。他首先根据是否拥有资本资产，将人们分为雇主和雇员两类；然后根据拥有资产的多少进一步将雇主分为资产阶级、小雇主和小资产阶级；最后根据拥有组织资产和技术资产的情况，将雇员进一步分为 9 类。这样整个社会被分成了 12 个群体，其中管理人员和专业技术人员等 4 类雇员被称为中产阶层。国内也有学者采用此标准来定义我国的中产阶层，比如张翼（2008）认为我国“新中产阶层”为管理人员和技术人员，在整个就业人员中所占比重为 9.32%，“老中产阶层”即小雇主和自雇者所占比重为 14.14%。

“新韦伯主义者”则从职业和工作关系的角度来定义中产阶级，其中最具代表性的是 Erikson 和 Goldthorpe（1992），他们首先根据雇佣关系将职业分为三类（雇主、自我雇佣者和雇员），然后又根据三种不同契约关系将雇员分为三类，最后又根据技术水平将每类职业分成两类或三类，从而将社会群体分为 13 个职业类别、7 个阶级，又进一步将 7 个阶级合并为 4 类，分别是上层阶级、小资产阶级、中产阶级（白领）和劳工阶级（蓝领）。

无论是“新马克思主义者”还是“新韦伯主义者”，虽然他们关于中产阶级的定义对认识我国中产阶级有很大启迪，但也有一定的局限性。比如，Wright（1985）将社会关系理解为剥削和被剥削关系，把中产阶级视为处于这两个阶级之间的阶层，这明显过于简单；比如，我国存在国有经济、集体经济以及混合所有制经济，我们无法对这些公有经济领域内的管理者进行阶层分类；再比如，Erikson 和 Goldthorpe（1992）的分类法比较依赖契约关系，但我国劳动力市场上的契约合同还存在很多不完善的地方，而且这种分类法也同样无法对公有经济领域内的管理精英以及拥有公共权力的相关人员等进行阶层分类，既不能将他们归为雇主、自雇者，也无法归为雇员。总的来看，近些年我国学术界很少从阶层角度来定义中产阶级或中产阶层。

（二）基于职业

在国际上，Szelenyi 和 Martin（1988）等社会学家通常依据职业来划分中产阶层；在国内，李强（2005）等，也以职业为划分标准，他利用人口普查数据，估算出2005年我国中产阶级人口数所占比重不到15%，并认为我国仍属于“金字塔形”的社会结构。刘欣（2007）以职业信息为基础，根据职业的公共权力、资产控制权和技术资本信息等，将不同职业合并成社会上层、中产上层、中产下层、技术工人及小职员、非技术工人及个体劳动者等5个阶层，并利用“中国综合社会调查数据”，估算出2003年我国城市人口中有0.6%属于社会上层，有7.6%、22.8%分别属于中产上层和中产下层，有25.7%属于技术工人和小职员，有43.4%属于非技术工人和个体劳动者，同样得出我国城市的社会结构属于“金字塔形”。李强（2016）认为，中等阶层与“白领阶层”大体上是相互重合的，并把管理人员、专业人员和技术人员、普通办公室职员、商业销售人员视为“中产阶层”。他利用人口普查数据得出，我国中产阶层在1982年所占比重为11.94%，在1990年为14.21%，在2000年和2010年则分别为19.65%、30.05%。

（三）基于消费或支出

李培林、张翼（2000）以衡量消费水平的恩格尔系数作为划分社会阶层的依据，利用1999年重庆市的1251个入户调查数据，根据恩格尔系数的大小将样本分成了7个消费阶层，并把恩格尔系数介于0.5与0.59之间的样本视为中间阶层，得到中等阶层占到被调查家庭总数的22%左右。比如，李春玲（2003）根据2001年的中国社科院“当代中国社会结构变迁研究”课题组调查的6193个样本，设计了一个反映家用电器和耐用消费品拥有情况的指数，并据此来定义中产阶层。把得分在6分及以上的人群定义为“消费中产”，6分以下的人群定义为非“中产”。根据这种方法，作者估算出2001年我国消费中产在社会适龄人口中所占比重为35%。胡鞍钢（2016）则进一步提出，农村居民的中等收入定义应该略不同于城镇，农村居民的收入主要用于家庭消费，因此以家庭消费为基础的恩格尔系数法应该更优。进一步看，恩格尔系数小于2/3但是大于1/3的，就可以被定义为中等收入者。

（四）基于复合指标

确定中产阶级不仅需要考虑消费、职业指标，也要同时考虑教育水平与主观认同等（Thompson和Hickey，2005）。李春玲（2013）利用2011年中国社科院CGSS数据，分别使用了职业、教育、收入等三个指标来定义中产阶级。如果仅以收入标准来定义（即年收入在3万元以上的人员），那么2011年我国中产阶级人群所占比重为16.8%；如果以职业和教育两个标准来定义（即初中及以上教育水平的专业人员、管理人员和企业主），那么当年中产阶级人群所占比重为9.7%；如果同时以职业、教育、收入三个标准来定义，则同年我国中产阶层所占比重仅为7.7%。

李培林、张翼（2008）也使用了职业、教育、收入三个不同的指标来定义我国“中产阶层”，利用2006年CGSS数据发现，如果把收入介于我国城市居民平均收入线的1—2.5倍之间的人群定义为“中产阶层”，则我国城镇居民中“收入中产者”所占比重为17.8%；仅根据职业标准定义的“职业中产者”所占比重为22.4%；根据教育标准定义的“教育中产者”所占比重为12.7%；而如果把收入、职业、教育三个指标叠加起来定义，同时满足三个标准的我国“中产阶层”人群所占比重仅为3.2%。

当然，我国中产阶层还需要考虑主观认同的问题。如果把同时满足收入、职业、教育3个客观标准的人群称为“核心中产阶级”，他们中仅有61.7%在主观上认为自己属于“社会中层”；如果把满足收入、职业、教育其中任何2个客观标准的人群称为“半核心中产阶级”，他们中仅有53.5%在主观上认为自己属于“社会中层”；如果把满足收入、职业、教育其中任何1个客观标准的人群称为“边缘中产阶级”，他们中仅有38.6%在主观上认为自己属于“社会中层”（李培林、张翼，2008）。还比如，李培林、朱迪（2015）根据客观标准定义中等收入者，并根据主观评价划分出社会中层，结果显示仅有约一半的中等收入者在主观上认为自己属于“社会中层”。

三、从收入角度来定义社会中间群体

与社会学家相比，经济学家更倾向于基于收入、消费、财产等经济指标来定义社会中间群体，由于使用收入指标的居多，故通常称为“中等收入者”。但是在采用收入来定义中等收入者时具体使用哪个标准，仍然存在很大分歧。总的来看，对中等收入者的界定标准大致可以分为两类：第一类是绝对标准，从发展或增长的意义来理解中等收入者。第二类是相对标准，从收入分配结构变化的角度来理解中等收入者。

（一）使用收入绝对标准

世界银行一直利用基于购买力评价的国际贫困线来识别贫困人口。自

2015 年 10 月起新的国际贫困线定为人均 1.9 美元/天（PPP）。现在一些学者也开始采用国际标准线来划分中等收入者，将国际贫困线作为中等收入者的下限，即户人均收入高于国际贫困线的人群便可被视为中等收入者。比如，Ravallion（2010）利用 2—13 美元来定义“全球发展中国家的中等收入者”，其中下限人均收入 2 美元/天是国际贫困线，上限人均收入 13 美元/天是 2005 年美国的贫困线。也就是说，以国际贫困线为标准，这些人并不属于穷人，但若他们生活在发达国家则进入穷人范畴（见表 2-2）。

表 2-2　　采用绝对标准对全球中产阶级界定

分类	所涉机构	文献	参考依据	标准	备注
基于收入	世界银行	Ravallion（2010）	日人均收入	2—13 美元（PPP）	定义的是“全球发展中国家的中产阶级”
					下限：国际贫困线；70 个发展中国家贫困线的中位数；
					上限：2005 年发达国家（美国）的贫困线
	世界银行	Milanovic Shlomo Yitzhaki（2002）World Bank report（2007）	日人均收入	10—50 美元（PPP）	下限：10 美元是巴西的人均收入
					上限：50 美元是意大利的人均收入
	彼得森研究所	Bhalla，S.（2007）	日人均收入	10—100 美元（PPP）	下限：发达国家的贫困线
					上限：下限的 10 倍（发达国家贫困线 10 倍）
基于消费	MIT	Abhijit V. Banerjee 和 Esther Duflo（2008）	日人均消费支出	2—10 美元（PPP—1993）	下限：发展中国家的贫困线
					上限：发达国家（美国）的贫困线
	OECD	Homi Kharas（2010）	日人均消费支出	10—100 美元（PPP）	下限：10 美元是贫困线最低的两个发达国家（葡萄牙和意大利）的平均贫困线；与美国的贫困线也相近
					上限：100 美元是最富裕发达国家（卢森堡）的收入中位数的 2 倍

资料来源：作者根据文献整理。

很多学者认为，将国际贫困线作为中等收入者的下限有些过低。比如，世界银行的 Milanovic 和 Yitzhaki（2002）在定义全球中等收入者时，就将收入介于10美元和50美元之间的人群视为中等收入者。其中，使用的下限10美元（使用PPP即购买力平价指数调整后）是发展中国家巴西的人均收入，使用的上限50美元（使用PPP即购买力平价指数调整后）是发达国家意大利的人均收入。据此标准，他们发现全世界的中等收入者占全世界总人口的11%；使用相同的标准，World Bank（2007）发现在1993—2000年间，全球中等收入人口占全球总人口的比重一直在8%左右，2000年之后，全球中等收入者规模及比重有所上升，预计2030年将上升到16%。从趋势来看，Bhalla（2007）认为世界银行估算中等收入者比重的方法能够接受，所以也同意将中等收入者的下限设定为发展中国家的人均收入或发达国家的贫困线，故也将下限设定为人均每天收入10美元。

关于中国的中等收入者，有不少文献采用绝对标准来定义（见表2－3），但由于采用的标准多种多样，所以得出的中等收入者比重也就不尽相同。在使用收入绝对标准来定义中等收入者时，有的基于日人均收入，有的基于年人均收入，有的使用了住户调查数据，有的采用了统计年鉴公布的收入分组数据。接下来我们分别对这些文献作介绍。

表2－3　　采用绝对标准来定义我国中等收入者

分类	文献	参考依据	数据	区域	标准	关注年份	比重
基于收入	Yuan等（2012）	户人均可支配收入/天	CHIP数据（1988/1995/2002/2007）	农村	4—20美元（PPP）	1988	3%
						1995	5%
						2002	15%
						2007	53%
	纪宏、陈云（2009）	人均收入/年	CHNS数据（1990/1992/1996/1999/2003/2005）	全国	3万—8万元人民币	1990	0.13%
						1992	0.35%
						1996	0.43%
						1999	0.88%
						2003	1.65%
						2005	3.78%
	国家发改委社会发展研究所课题组（2012）	人均可支配收入/年	《中国统计年鉴》《中国城市（镇）生活和价格年鉴》和《中国农村住户调查年鉴》的城镇和农村居民收入的五等分和七等分组数据	全国	2.2万—6.5万元人民币	2010	21.25%
						2020	45%

续表

<table>
<tr><th>分类</th><th>文献</th><th>参考依据</th><th>数据</th><th>区域</th><th>标准</th><th>关注年份</th><th>比重</th></tr>
<tr><td rowspan="12">基于收入</td><td>李伟、王少国（2014）</td><td>人均可支配收入/年</td><td>《中国统计年鉴》《中国城市（镇）生活和价格年鉴》和《中国农村住户调查年鉴》的城镇和农村居民收入的五等分和七等分组数据</td><td>全国</td><td>2.2万—6.5万元人民币</td><td>2011</td><td>19.10%</td></tr>
<tr><td>国家统计局城调总队课题组（2005）</td><td>户收入/年</td><td>2004年的全国城市住户调查数据</td><td>城市</td><td>6万—50万元人民币</td><td>2004</td><td>5%</td></tr>
<tr><td rowspan="6">Diana Farrell 等（2006）—麦肯锡团队</td><td rowspan="6">户收入/年</td><td rowspan="6">—</td><td rowspan="6">城市</td><td rowspan="3">中产下层：2.5万—4万元</td><td>2005</td><td>12.60%</td></tr>
<tr><td>2015</td><td>49.70%</td></tr>
<tr><td>2025</td><td>19.80%</td></tr>
<tr><td rowspan="3">中产上层：4万—10万元</td><td>2005</td><td>9.40%</td></tr>
<tr><td>2015</td><td>21.20%</td></tr>
<tr><td>2025</td><td>59.40%</td></tr>
<tr><td rowspan="4">Dominic Barton 等（2013）—麦肯锡团队</td><td rowspan="4">户收入/年</td><td rowspan="4">—</td><td rowspan="4">城市</td><td rowspan="2">中产下层：6万—10.6万元</td><td>2012</td><td>54.00%</td></tr>
<tr><td>2022</td><td>22.00%</td></tr>
<tr><td rowspan="2">中产上层：10.6万—22.9万元</td><td>2012</td><td>14.00%</td></tr>
<tr><td>2022</td><td>54.00%</td></tr>
<tr><td rowspan="4">基于消费</td><td rowspan="4">Chen 和 Qin（2014）</td><td rowspan="4">户人均消费支出/天</td><td rowspan="4">CHIP 数据（1995/2002）；CFPS（2010/2012）</td><td rowspan="4">全国</td><td rowspan="4">10—20美元（PPP）</td><td>1995</td><td><0.5%</td></tr>
<tr><td>2002</td><td>1%</td></tr>
<tr><td>2010</td><td>5%</td></tr>
<tr><td>2012</td><td>9%</td></tr>
</table>

资料来源：作者根据文献整理。

第一类使用住户调查数据且使用日人均纯收入来定义。比如，Yuan 等（2012）运用1988年、1995年、2002年、2007年CHIP数据的农村样本，将户人均每天可支配收入在4—20美元（PPP）之间的住户定义为中等收入者。根据此定义，他发现中国农村中等收入者比重从1988年的3%上升到2007年的53%。

第二类使用住户调查数据且使用年人均可支配收入来定义。比如，纪宏、陈云（2009）就利用各个年份的CHNS数据（1990、1992、1996、1999、2003、2005），将年人均可支配收入介于3万元和8万元之间的人群定义为中等收入者，分析得出我国中等收入者比重从1990年的0.13%上升到2005年的3.78%。

第三类使用收入五等分组或七等分组的汇总数据来定义。比如，国家发改委社会发展研究所课题组（2012）利用《中国统计年鉴》《中国住户调查年鉴》的居民收入五等分组数据，将年人均可支配收入在2.2万—6.5万元人民币之间的人群定义为中等收入者，发现我国2010年中等收入者所占比重约为21.25%，并估算出到2020年中等收入者比重将达到45%。

第四类使用年户均收入来定义。比如，国家统计局城调总队课题组（2005）利用2004年城市住户调查数据，将家庭年收入在6万—50万元定义为"中等收入家庭"，并认为在2004年我国城镇中等收入家庭所占比重约为5%。另外，来自麦肯锡团队的Farrell等（2006）把每年城镇居民户可支配收入介于2.5万—4万元、4万—10万元之间的家庭分别定义为中产下层和中产上层，由此估算出2005年、2015年、2025年我国城镇中产下层分别占城镇总人口的12.6%、49.7%、19.8%，城镇中产上层分别占城镇总人口的9.4%、21.2%、59.4%。而Barton等（2013）以2010年数据为基础，把每年城镇居民户可支配收入在6万—10.6万元、10.6万—22.9万元定义为中产下层和中产上层，估算出2012年、2022年我国城镇居民中产下层所占比重分别为54%、22%，中产上层所占比重分别为14%、54%。

（二）使用收入相对标准

在使用相对标准来定义中等收入者文献中，又大致可以分为三类，一类是以收入中位数为参照标准，另一类是以收入平均值为参照标准，还有一类是用简单的收入等分组来定义。

1. 基于收入中位数

在所有使用相对标准来定义的文献中，以使用收入中位数为参照标准的最多，即把收入介于收入中位数一定比例区间内的人群视为中等收入者。但是，具体选用收入中位数哪个比例区间作为定义，存在不同的做法。比如，Kacapyr等（1996）就将收入介于中位数75%—125%之间的人群视为中等收入者，Blackburn（1985）与Davis等（1992）则分别将收入介于收入中位数的60%—225%、50%—150%之间的人群视为中等收入者。美国皮尤研究中心在2008年将收入中位数的75%—150%之间的群体定义为中等收入者，而在2012—2015年发布的报告中，则将收入中位数的67%和200%作为中等收入者的下限和上限（Pew Research Center，2015）。在中国的文献中，如王朝明、李梦凡（2013）利用《中国统计年鉴》上公布的1995—2010年的居民收入分组数据，并采用我国收入中位数的75%—125%、75%—150%、50%—150%三个不同的标准作为中等收入者的上下限（见表2－4）。结果显示，不论基于何种标准，不论是农村还是城镇，我国中等收入者所占比重均呈现逐年下降趋势。如果取三种不同标准得出的中等收入者比重的平均，则发现农村中等收入者所占比重由1995年的35.7%下降到2010年的24.3%；城镇中等收入者比重也从44.3%下降到26.6%。

表2－4　　利用收入中位数百分比定义中等收入者

文献	下限	上限
Kacapyr（1996）；Nancy Birdsall 等（2000）	收入中位数的75%	收入中位数的125%
Blackburn（1985）	收入中位数的60%	收入中位数的225%
Joe C. Davis 等（1992）	收入中位数的50%	收入中位数的150%
Pew Research Center（2008）（皮尤研究中心）	收入中位数的75%	收入中位数的150%
Pew Research Center（2012—2015）（皮尤研究中心）	收入中位数的67%	收入中位数的200%

资料来源：作者根据文献整理。

2. 基于收入平均数

国际上较少用基于收入平均数的比例区间来定义中等收入者，但在我国仍然有一些学者基于收入平均数来定义（见表2－5）。比如，李培林、张翼（2008）就使用2006年CGSS数据，采用收入平均数的1倍至2.5倍作为下限和上限，分析得出我国城镇人口中有17.8%的人群属于中等收入者。同样采用收入平均线的1倍至2.5倍作为下限和上限，李培林等（2016）基于CGSS数据并利用家庭年收入指标，发现2016年全国中等收入者的比例为37.4%，其中中上收入者占18.5%，中下收入者占18.9%。苏海南（2016）也采用收入平均数的1—2.5倍作为定义区间，但使用2014年《中国统计年鉴》的劳动者工资水平统计数据，分析得出2013年全国中等收入者所占比重为18.4%，城镇和农村地区分别为30%和5%。

表 2-5　　使用相对标准来定义我国中等收入者

<table>
<tr><td colspan="7">A：基于收入中位数的一定比例区间</td></tr>
<tr><td rowspan="2">文献</td><td rowspan="2">下限和上限</td><td rowspan="2">使用数据</td><td rowspan="2">年份</td><td colspan="2">比重</td></tr>
<tr><td>农村</td><td>城市</td></tr>
<tr><td rowspan="6">王朝明、李梦凡（2013）</td><td rowspan="6">本文使用收入中位数的75%—125%、75%—150%、50%—150%三个不同的标准作为中等收入者定义的下限和上限</td><td rowspan="6">《中国统计年鉴》上公布的1995年、2000年、2005年、2008年、2009年、2010年的城镇和农村居民的收入分组数据</td><td>1995</td><td>35.70%</td><td>44.30%</td></tr>
<tr><td>2000</td><td>32.70%</td><td>41%</td></tr>
<tr><td>2005</td><td>30.30%</td><td>34.50%</td></tr>
<tr><td>2008</td><td>27.60%</td><td>30.40%</td></tr>
<tr><td>2009</td><td>26%</td><td>28.50%</td></tr>
<tr><td>2010</td><td>24.30%</td><td>26.60%</td></tr>
<tr><td colspan="6">B：基于收入平均数的一定比例区间</td></tr>
<tr><td>文献</td><td>定义中等收入者的标准</td><td>数据</td><td>关注年份</td><td>区域</td><td>比重</td></tr>
<tr><td>李培林、张翼（2008）</td><td>平均收入与平均收入的2.5倍之间</td><td>中国社会科学院社会学研究所在2006年进行的“中国社会状况调查”（CGSS2006）</td><td>2005</td><td>城镇</td><td>17.80%</td></tr>
<tr><td>李培林、陈光金、张翼（2016）</td><td>平均收入与平均收入的2.5倍之间</td><td>中国社会综合状况调查数据（CGSS2016）</td><td>2016</td><td>全国</td><td>37.40%</td></tr>
<tr><td rowspan="3">苏海南（2016）</td><td rowspan="3">以全国或当地社会平均收入水平与平均数的2.5倍之间，其个人全部收入比较稳定处于此区间；且家庭住房问题已基本解决并另有一定数量金融资产者</td><td rowspan="3">2014年《中国统计年鉴》中的城乡居民家庭调查五等分组数据和劳动者工资水平统计数据</td><td rowspan="3">2013</td><td>全国</td><td>18.40%</td></tr>
<tr><td>城镇</td><td>30%</td></tr>
<tr><td>农村</td><td>5%</td></tr>
<tr><td colspan="6">C：基于收入分位点</td></tr>
<tr><td>文献</td><td>定义中等收入者的标准</td><td>数据</td><td>关注年份</td><td>区域</td><td>比重</td></tr>
<tr><td rowspan="4">李培林、朱迪（2015）</td><td rowspan="4">城镇居民年人均收入的25%分位点与95%分位点之间</td><td rowspan="4">中国社会科学院社会学研究所的中国社会状况调查数据，即CSS数据</td><td>2006</td><td rowspan="4">城镇</td><td>27%</td></tr>
<tr><td>2008</td><td>28%</td></tr>
<tr><td>2011</td><td>24%</td></tr>
<tr><td>2013</td><td>18%</td></tr>
</table>

资料来源：作者根据文献整理。王朝明、李梦凡（2013）呈现的百分比是三个不同标准下得到的中等收入者比重的平均数。

3. 基于收入等分组

这种定义方法是，首先根据收入从低到高对人群进行排序，然后把人群分成若干个等分组，将处于中间位置的某组视为中等收入者。比如，Barro（1999）和 Easterly（2001）把五等分组里的中间三个等分组的人群视为中等收入者，Alesina 和 Perotti（1996）将五等分组中的第三和第四组的人群视为中等收入者，Partridge（1997）仅把五等分组中的第三组视为中等收入者。而 Solimano（2008）则是将人群分成十等分组，将第三至第九之间的等分组视为中等收入者。另外，李培林、朱迪（2015）则使用城镇居民年人均收入的25%分位点与95%分位点，作为定义我国城镇居民中等收入者的下限和上限，并使用2006 年、2008 年、2011 年和2013 年 CGSS 调查数据，发现我国城镇居民中等收入者比重分别为27%、28%、24%和18%，其比例同样呈现持续下降的趋势。

（三）绝对与相对标准相结合

使用绝对和相对标准相结合的方式来定义中等收入者，也可以分为两类。

1. 下限用绝对标准而上限用相对标准

在同一个定义中，下限使用绝对标准，即把一个具体数额作为中等收入者的下限（比如国际贫困线或某个国家的绝对贫困线），上限则使用相对标准，比如收入中位数的一定倍数或某个分位点所对应的收入水平。为了与政策衔接，一些研究者就把贫困标准作为中等收入者的下限标准，同时上限就采用中位数的一定倍数或某个分位点对应的收入水平来定义。如 Bonnefond 等（2013）就采用下限的绝对标准与上限的相对标准来定义，他们利用1989—2009 年 CHNS 数据，把家庭年收入 1 万元作为中等收入者下限，95%收入分位点对应的收入为上限，从中发现2009 年我国城镇居民中等收入者比重为49.9%，其中主要是技术人员、企事业单位负责人、行政办公和办事人员，且有约40%的中等收入者是退休人员和养老金领取者。

2. 用绝对与相对两个标准同时定义

还有一种定义就是，采用绝对与相对两个标准来同时界定，只有两个条件都符合才被认定为中等收入者。王小鲁（2017）就采用绝对与相对两种标准进行定义，一是用年收入2 万—20 万元（2015 物价水平）的绝对标准，二是用中位数收入的70%—200%这个相对标准（见表2－6）。在所有样本家庭中，只有同时满足这两条标准，才被界定为中等收入者。王小鲁（2017）利用1980—2015 年国家统计局城乡分组数据，并经过数据调整后发现，1990 年我国中等收入者比重为62.3%，2010 年显著下降为

32%，而2015年为34.7%。从趋势上看，20世纪90年代开始我国中等收入者规模在缩小，2000年以后中等收入者比重则进一步下降，并在2010年左右降至最低点，之后中等收入者虽有所扩大但并没有显著增长。

表2-6　　绝对与相对标准相结合来定义我国中等收入者

文献	定义中等收入者的标准	数据	关注年份	区域	比重
Bonnefond等（2013）	10000元/年为中等收入者的下限，95%收入分位点对应的收入为中等收入者的上限	1989—2009年的中国健康与营养调查数据库（即CHNS数据库）	2009	城市	49.90%
王小鲁（2017）	同时满足两个标准：一是年收入2万—20万元（2015物价水平）的绝对标准，二是中位数收入的70%—200%的相对标准	国家统计局城乡分组数据	2010	全国	32%
			2015	全国	34.70%

资料来源：作者根据文献整理。

四、基于消费和财产定义社会中间群体

（一）基于消费

同样是使用消费指标，社会学家倾向于基于消费结构来定义，比如基于恩格尔系数（即食品支出在总支出中所占比重）或耐用消费品的拥有情况来定义中等收入者，经济学家则倾向于基于消费支出的具体数额来定义，且多数都使用绝对标准。Kharas（2010）把日人均消费支出介于10—100美元（PPP）之间的人群定义为中等收入者。此定义的下限为葡萄牙和意大利贫困线的平均值，与美国的贫困线也相似，上限为欧洲最富裕国家——卢森堡收入中位数的2倍。利用来自145个国家（涵盖了全世界约99%的人口）的数据，他测算了全世界中等收入者的规模以及区域构成，发现在2009年全世界共有约18亿人属于中等收入者，其中54%的中等收入者居住在欧洲和北美洲，28%居住在亚太地区，7%居住在中南美洲，6%居住在非洲中东部和北部，仅有2%居住在撒哈拉以南的非洲。

定义中等收入者的另一个标准，是将国际消费贫困线作为定义中等收入者的下限。Banerjee 和 Duflo（2008）就将每天人均消费支出 2—10 美元（1993—PPP）的人群定义为中等收入者，并利用来自 13 个中低收入国家的微观数据，探究了中等收入者的一些特征，认为“成为中等收入者，最重要的是要有一份稳定收入的工作，中等收入者除了在自己的健康方面有一定投入外，在孩子的教育和健康方面也会投入较多”。

综合来看，上述两篇文章都是基于消费支出的具体数额来定义全世界或者发展中国家的中等收入者，也有文献基于此标准来定义中国的中等收入者。比如，Chen 和 Qin（2014）以全国样本作为对象，利用 1995 年、2002 年的 CHIP 数据和 2010 年、2012 年的 CFPS 数据（中国家庭追踪调查数据），将日人均消费支出介于 10—20 美元（PPP）之间的样本定义为中等收入者。根据此定义，中国的中等收入者从 1995 年的 1% 上升到 2012 年的 13%。

（二）基于财富

目前基于财富来定义中等收入者的文献较少，这主要是数据可得性限制所导致的。Wolff（2010）利用美国数据分析了家庭财产从 1983 年至 2007 年的变化趋势，根据财产从低到高将人群等分为五组，把处于中间三组的人群视为中等收入者，发现中等收入者所拥有的财富占全国总财富的比重，从 1983 年的 17.8% 显著下降至 2001 年的 15.2%，之后并进一步下降至 2007 年的 14.9%。

另外，比较有代表性的是瑞信研究院（Credit Suisse Research Institute）发布的《全球财富报告》。他们 2015 年就将个人净资产介于 5 万—50 万美元之间的人群定义为中等收入者①，相当于人民币 2.8 万—28 万（根据购买力平价指数 PPP 换算后）。根据此标准全球共有约 6.64 亿人口属于中等收入者，其中中国约有 1.09 亿中等收入者，世界排名第一；美国约有 0.92 亿中等收入者，排名第二；日本约有 0.62 亿中等收入者，排名第三。

甘犁（2015）也使用个人净资产介于 5 万—50 万美元这一标准来定义中等收入者②，结果发现我国中等收入家庭在全国所占比重约为 21.4%（而日本的相应比重约为 60%）。其中，我国中等收入家庭的平均财富约为

---

① 引自瑞信研究院（Credit Suisse Research Institute）公布的《全球财富报告 2015》（Global Wealth Report 2015），下载网址：http：//publications. credit - suisse. com/index. cfm/publikationen - shop/research - institute/global - wealth - report - 2015 - en

② 甘犁：“中国有多少中产阶层？”《第一财经日报》2015 年 11 月 18 日。

81万人民币（相当于12.7万美元）。虽然我国中等收入者的人口规模和所拥有的财富总额均居世界首位，但是我国中等收入家庭的人均财富却低于美国和日本。

五、不同定义的优缺点评述

（一）不同学科比较：社会学家侧重社会结构，经济学家侧重经济效率

1. 角度不同

社会学家倾向于从社会结构和社会分层角度，依据职业、教育、主观认同感等多个维度来定义中产阶层。虽然采用了不同指标来定义，但每种定义都有其自身的理由和出发点。基于这些定义得出我国中产阶层的比重不同，相互之间没有可比性。另外，由于不同国家的国情不同，所适用的职业分类、教育分类等也不同，所以采用多指标的定义方法不便于国际比较。而经济学家则倾向于从凯恩斯经济增长理论出发，从收入增长、收入分配效率等角度来理解中等收入者，特别是从增加内需并带动经济增长的角度，来探寻中等收入者在扩大消费潜力和提升经济增长动力方面所起的作用。基于收入、消费或财富来定义处于社会中间位置的这部分群体，并且采用收入指标的居多，所以经济学家通常称之为中等收入者。

2. 目的不同

社会学家和经济学家理解社会中间群体的出发点不同。比如，即便是基于消费来定义社会中间群体，他们考察的目的也不相同。社会学家往往从消费结构的角度来定义中等收入者，比如采用恩格尔系数（食物支出在总消费中所占比重）、耐用消费品的拥有情况，他们倾向于从消费结构、消费品种类、消费稳定性、人群层级、社会结构来研究中等收入者相关问题。同样是基于消费，经济学家则倾向于从消费支出的具体数额来定义中等收入者，比如把人均消费支出介于某个数额范围内的人群定义为中等收入者。经济学家关注两个方面，一是消费能力，即客观上是否有足够的收入来消费；二是边际消费倾向，即主观上是否有消费意愿。一般来说，低收入者有很高的边际消费倾向，但他们没有足够的消费能力；高收入者虽然有很高的收入，但是他们的边际消费倾向往往很低；而中等收入者不仅有足够的消费能力，同时也具有较高的消费意愿。

（二）指标维度比较：收入、消费和财产

1. 综合指标

采用多维度综合指标（比如同时采用消费、职业、教育、收入等多个指标）来定义中等收入者，这种方法的优点是能综合考量各种指标对中等收入者的影响，能最大范围地提升指标的严谨性和针对性，把消费上能促进经济增长、职业上能维持社会稳定、教育层次上能保证国民素质进步的中间群体梳理出来，从而将其视为政策的瞄准重点。然而，这种基于综合指标的定义方法虽然看起来科学，但在实践中经常无法操作，尤其是不同指标之间的权重根本无法确定，而且会使问题更加复杂化，最后还不如使用单一指标来估算中等收入者，从而对相关问题进行深入研究。比如，可以根据单一收入指标界定出中等收入者，然后再进一步区分中等收入者在职业、教育、主观认同等方面具有何种特征等。

2. 消费指标

总的来看，一些研究者使用了消费指标来定义中等收入者，但是并没有得到广泛应用，主要原因有三点。首先，由于人们在不同时期的消费结构、消费物品的种类有所不同，从而不便于比较不同时间点的消费，进而不便于比较估算出的中等收入者规模，也无法分析随着时间推移的变化趋势。其次，即便是同一时间点，不同地区的消费结构、消费物品的种类也有所不同，从而不便于比较不同国家的中等收入者规模和分布等问题。再次，不同时间点、不同地区的消费品质量也不具有可比性，消费品的价格有很大的差异，因此基于消费而定义的中等收入者规模也很难进行比较。

3. 财产指标

相对来说，使用财产指标来定义中等收入者的研究较少，这主要有三方面原因。一是关于财产的统计口径，不同学者的看法各有差异，不同国家的统计口径也不尽相同，从而以财产定义的中等收入者不便进行国际比较。二是相对于收入指标，我国财产数据的来源比较有限，目前具体分项财产的数据非常少。三是在国际比较过程中，不同国家的政治体制和社会生活习惯差异很大，如公共财产和私有财产的关系划分在不同国家有很大不同，因此财产指标难以进行有效分析。所以，虽然基于财产来定义中等收入者具有一定意义，但是由于财产的统计口径差异和受到财产数据可得性的限制，基于财产来定义中等收入者的方法难以得到推广。

4. 收入指标

总体来看，相对于消费、财产和综合指标，收入是定义中等收入者时

比较受欢迎的指标，基于收入来定义中等收入者的文献也最多。就收入而言，一是关于收入的统计口径，人们的分歧不是很大。二是不同时间点、不同地区人们的收入，在通过一定方法调整后具有很好的可比性，比如使用 CPI 来调整一个国家内部不同时间点、不同地区的收入，用购买力平价指数（PPP）来调整不同国家间的收入。三是收入是一个能反映教育、职业、技能等众多因素或者说和很多因素相关的一个综合指标[①]；要想成为一个中等收入者，需要达到一定的受教育水平，需要拥有体面的职业和工作，需要达到一定的消费和生活水平等，但若同时使用这么多维度来定义中等收入者，将会非常复杂，所以最终仅采用收入指标来定义中等收入者，不仅能同时反映这些因素，而且操作上也比较简单。

（三）不同收入指标比较：采用家庭人均可支配收入中位数

1. 宏观与微观收入指标

若用收入指标来定义社会中间群体，还涉及用宏观指标还是用微观指标的问题。国际上通常把一个国家的人均 GDP（人均国内生产总值）或人均 GNI（人均国民收入）作为衡量一个国家经济发展水平的指标。比如，世界银行 1999 年根据人均 GDP[②]、（2010 年[③]和 2013 年[④]根据人均 GNI）采用不同的标准将全球所有国家划分为 4 个等级：低收入、中下等收入、中上等收入和高收入国家。人均 GDP 和人均 GNI 都属于宏观指标，依据这样的宏观指标来研究中等收入者问题，虽然简单且通俗易懂，容易为社会大众所接受，但这种方法只能局限在国家或区域层面来分析中等收入者问题，无法进行更细化的分析。现有大部分关于中等收入者的研究，基本都是采用基于住户调查数据的微观收入指标来定义中等收入者。这种做法不仅分类依据更加科学，而且可以进行更深入的研究，甚至还能对中等收入者的行为特征等进行详细描述，因此基于微观收入指标的社会中间群体定

---

① 一般来说，受教育程度越高的人群收入也相对较高，白领工作者相对于蓝领工作者来说收入也较高，技术工人相比于非技术工人来说收入也相对较高等。

② 世界银行 1999 年根据人均 GDP 将全球所有国家划分为 4 个等级：低收入国家（小于 760 美元），下中等收入国家（761—3030 美元），上中等收入国家（3031—9360 美元）和高收入国家（高于 9361 美元）

③ 世界银行 2010 年根据人均 GNI 采用的划分标准为：低收入经济体（1005 美元以下）；下中等收入经济体（1006—3975 美元）；上中等收入经济体（3976—12275 美元）；高收入经济体（12276 美元及以上）。

④ 世界银行 2013 年根据人均 GNI 采用的划分标准为：低收入国家（1035 美元以下）；中等偏下收入国家（1036—4085 美元）；中等偏上收入国家（4086—12615 美元）；高收入国家（12616 美元以上）。

义得到了广泛应用。

2. 可支配收入与净收入

即使采用居民收入指标进行定义，由于中国具有城乡二元分割的特点，统计体系中还是缺乏一体化的城乡收入指标。2012 年之前，城镇居民一般都采用可支配收入，而农村居民采用纯收入的概念，因此在衡量全国性的中等收入者规模及其城乡分布时会面临很大困难。幸运的是，2013 年起国家统计局采用城乡一体化调查方案，统一了城乡居民收入定义，并重新调整了农村居民收入定义，使得城乡居民都使用2013 年调整后的居民可支配收入定义。所以，要对我国中等收入者的规模及其趋势进行比较，就必须采用统一的居民可支配收入定义，这需要对于 2012 年以前的农村纯收入进行统一换算。

3. 家庭收入与个体收入

根据研究目的的不同，居民可支配收入既可以在家庭层面计算，也可以在个体层面计算。如果在家庭层面，就牵涉家庭规模的问题，比如每年户收入为 4 万元的三口之家与六口之家所面临的生活境遇是不一样的，两者不能等同看待。所以在现有文献里，基于户人均可支配收入来定义中等收入者的居多。不过，在使用户人均可支配收入的时候，会遇到户人均可支配收入的具体计算问题。一种算法是，用家庭收入除以一个家户的实际人口数，从而得出户人均可支配收入。另一类算法是，在计算户人均可支配收入时，不是用户收入除以一个家户的实际人口数，而是除以权重调整后的人口数。比如，欧盟统计局的做法是，把家户的第一个成年人赋权重为 1，第二个及其他成年人赋权重为 0.5，14 岁及以下的儿童赋权重为 0.3。当然不管是用哪种方法来计算，采用家庭人均收入而不是个体收入来定义中等收入者，是大家基本都认同的做法。

4. 平均数与中位数

在用相对标准来定义中等收入者时，会遇到是以收入平均数还是以收入中位数为参照的问题。理论上，在一个收入差距较小的国家，其收入中位数与平均数应该基本一致，但是在收入差距水平较大的地区，则平均数要明显高于中位数。因此，如果采用平均数的一定倍数区间来定义我国的中等收入者，就会明显拉高中等收入者的下限。国内有一些研究在定义中等收入者时，就采用了基于“平均数”这个过高的下限，从而导致低收入者被高估，也导致中等收入者被低估，如《全国住房公积金年度报告 2015》就采用了“社会平均工资 1—3 倍之间”来界定中等收入者。然而李实（2017）认为，在我国收入差距已经较大的情况下，用“平均数”的方法会导致很多低收入者“被平均”，从而高估低收入者比重。

（四）绝对与相对标准比较：相对反映收入分布，绝对反映收入增长

1. 绝对标准的优缺点

采用绝对标准定义中等收入者的优势是，可以反映收入水平提高对中等收入者比重的影响。就绝对标准而言，国际上常用此标准来定义“全球的中等收入者”，比如参考发展中国家的贫困线或者发达国家的贫困线等，划定一个固定的收入下限和上限，将收入处于两者之间的人群视为全球意义上的中等收入者。按照此做法，那些“在发展中国家不属于穷人、但在发达国家则属于穷人”，或那些“在发达国家既不属于穷人但也不属于富人”的人群被定义为中等收入者。国内学者在用绝对标准来定义中国的中等收入者时，采用的上下限标准也多种多样，所得出的数据结果不同且相互之间也没有可比性。同样在 2012 年，关于中等收入者比重既有 Chen 和 Qin（2012）估计的 9%，也有国家发改委社会所（2012）提出的 21%，甚至还有 Barton 等（2013）认为的 68%，这比最低的估计值高出约 59 个百分点，这也是绝对标准容易引起争议的主要原因之一。

2. 相对标准的优缺点

关于相对标准，又可以分成四类，一类是以收入中位数作为参照标准，一类是以收入平均值作为参照标准，一类是以收入贫困线作为参照标准，还有一类是用简单的收入等分组方法来定义中等收入者。

以收入贫困线作为参照的相对标准，主要是为了与一个国家的基本医疗、失业等社会保障政策保持一致或接轨，但是这类标准不太适合我国国情，因为我国贫困线和居民最低生活保障标准都相对较低，所以基于贫困线来定义中等收入者的标准就过低。另外，简单地用收入等分组方法对人群进行分组，并选取中间组别作为中等收入者，这类定义最大的弊端是，无法反映收入分配格局的变化对中等收入者规模的影响。根据此标准，不同年份中等收入者比重都是相同的，无法识别出中等收入者比重随时间推移及收入增长的变化趋势。最后，以收入平均值的倍数区间来作为中等收入者的相对标准，也不太适合我国，因为我国低收入人群占大多数，居民收入的分布呈现“金字塔形”，即大部分人只拥有较少份额的收入，少部分人却拥有较大份额的收入。相对于很多发达国家，我国居民收入的平均值和中位数偏离较大。因此，若采用相对标准，以中位数而不是平均值作为参照，更适合我国当前国情。

3. 绝对与相对相结合的标准才是最优

由于绝对标准和相对标准各自存在优缺点，因此最佳的办法是使用绝对标准和相对标准相结合的方式来定义我国中等收入者，而且这种结合还必须把绝对和相对标准都统一到一个定义中去，而不是下限用绝对标准、上限用相对标准的方式。如基于全球的收入分布数据，先采用相对标准来定义全球的中等收入者，然后把这个上下限用到具体的某一个国家，以此来定义这个国家的中等收入者，则这个相对标准对于这个特定的国家来说就属于绝对标准。这种定义方式，不仅可以综合绝对和相对收入标准的优点，扬长避短，还能在反映中国强劲收入增长的同时，把明显变化的收入差距问题反映进去。更重要的是，还可以从全球视角理解中国的中等收入者，便于国际比较。

第三章　我国中等收入者标准及比重变化

基于上一章对于中等收入者的界定评述，本章进一步比较指标优缺点，分析不同界定标准带来的定量结果，讨论不同标准对我国中等收入者比重及其趋势的影响程度，并最后选定本书的中等收入者界定标准。

一、本书中等收入者标准选择

根据前文论述，定义中等收入者的指标选择，本书使用收入指标；关于具体选用哪个收入指标，本书使用“户人均可支配收入”；关于绝对与相对标准的选择，本书使用绝对和相对标准有机结合的方式，即把绝对和相对标准都统一到一个定义中来，而不是下限用绝对、上限用相对标准的方式。综合以上结论本书使用如下方式来定义我国的中等收入者：首先基于全球的收入分布数据，采用相对标准来定义全球的中等收入者，即选取每个年份全世界200多个国家收入中位数的67%—200%，作为定义当年全球中等收入者收入水平的上下限；然后把这个具体的标准应用到我国，来定义相同年份我国中等收入者并计算比重。对我国来说，就是把全球的相对标准当作了定义我国中等收入者的绝对标准，从而实现了绝对与相对标准的有机结合。[①]

在这个定义中，之所以选取“收入中位数的67%（即2/3）、200%（即两倍）”作为定义中等收入者的下限和上限，是借鉴美国皮尤研究中心（Pew Research Center）的做法。皮尤研究所从2012年到2018年公布了关于中等收入者的一系列报告，用的都是这个相对标准。在此基础上，之所以采用绝对标准和相对标准相结合的方式定义我国中等收入者，是因为这

---

① 本章部分内容来自于杨修娜、万海远、李实：“我国中等收入群体比重及其特征”，《北京工商大学学报（社会科学版）》2018年11月。

样可以综合绝对和相对收入标准的优点，在反映中国强劲收入增长的同时，还可以把快速扩大的收入差距问题反映进去。

之所以把全世界所有国家视为一个整体作为参照系来定义我国的中等收入者，而不是选取某特定地域、某特定经济发展水平的国家或地区作为参照系，是因为这样处理具有以下优点：首先，应该在全球范围内来看待我国的中等收入者，参考国际标准来定义我国的中等收入者，可以使得我国的中等收入概念具有国际可比性，避免因标准过高或过低而妄自菲薄或盲目乐观。其次，对所有国家的中等收入者采用相同的定义，方便做国际比较。比如，采用相同的标准来估算各个国家低收入、中等收入、高收入人群分别占多大比重，研究各类不同发展阶段国家的收入结构，并与我国相比较，从而明晰我国当前所处位置，明确我国未来的发展目标和奋斗方向。再次，根据相同的标准来定义全世界所有国家的中等收入者，还便于研究全世界中等收入者在不同地域的分布，考虑到中等收入者是全世界消费的主要群体，进而可以估算不同国家或地域中等收入者消费能力的大小、消费市场的大小，以及各地域对世界整体经济增长的贡献等。最后，采用相对与绝对相结合的标准，还可以使得结果在时间趋势上具有可比较性，由此反映一个国家内部长期的收入增长和收入分配变化。

此外，在这个定义中，所用的世界标准是基于全世界所有国家的“人均GNI”的数据得出，但在用这个标准具体计算我国中等收入者比重时，用的却是我国居民的“人均可支配收入”。我们知道，一个国家的“人均GNI”高于居民“人均可支配收入”，这会导致估算出的中等收入者比重偏低。最理想的方法是，用基于全世界所有国家即地球60亿居民“人均可支配收入”中位数的一定比例区间，作为我国中等收入者的上下限。但由于受到数据可得性限制，目前还没有全世界所有居民的“人均可支配收入”数据。我们只能采取这种退而求其次的办法。上文提到，我们之所以采用这种方式来定义我国中等收入者，最主要的原因是方便做国际比较，我们可以通过对低收入国家、新兴国家、发达国家等不同发展阶段的国家采用相同的标准，来识别各类国家的中等收入者比重，研究各类不同发展阶段国家的收入结构，并与我国相比较，从而明晰我国当前所处位置，明确我国发展目标，进而找到为实现此目标所需的政策手段和改革方向。从这个角度来讲，即便用这种方法估算出的每个国家的中等收入者比重都偏低，但所有国家都采用相同的标准，基于此得出不同国家间在收入结构等方面存在的差异，还是具有重要的参考价值。

在寻找世界所有国家收入中位数的时候，我们是基于国家层面人口数权重调整后的排序，而不是基于每个人的直接排序。在寻找世界所有国家收入中位数的时候，有几种可能的办法：第一，全世界230多个国家，每个国家只对应一个收入数据（比如人均GNI），在寻找中位数的时候，对这230多个人均GNI数据从低到高进行排序，处于最中间位置的人均GNI数据，即为全世界所有国家收入的中位数。第二，全世界230多个国家，每个国家只对应一个收入数据（比如人均GNI），在寻找中位数的时候，调整人口权重以考虑每个国家的人口数。首先，世界上每个人被赋予的“人均GNI”都等于自己所属国家的人均GNI，即一个国家的所有人对应的人均GNI都相同；然后，根据每个人对应的人均GNI大小，从低到高对全世界每个人进行排序，处于最中间位置的人对应的人均GNI即为“世界所有国家人均GNI”的中位数。第三，全世界230多个国家，每个国家的每个人对应的都是自己实际的人均可支配收入，然后打破国家界限，根据人均可支配收入从低到高对全世界所有人进行排序，处在最中间位置的这个人对应的“人均可支配收入”，即为全世界所有国家收入的中位数。最理想的是上面的第三种办法，但由于受数据可得性限制，现在没有全世界所有国家的人均可支配收入的信息，而且各国的可支配收入定义也存在很大差别，再加上人均可支配收入通常都是人均国民收入的一定比重，比如在中国就基本稳定在70%左右（国家发改委就业司和北京师范大学，2019），所以我们在第二种方法的基础上，用每个国家“人均GNI”的排序信息来代替人均可支配收入的排序信息。

二、我国中等收入者比重标准

（一）人均GNI数据

确定各个年份中等收入者上下限时，用到的各年份世界所有国家人均GNI和人口数信息，都来自世界银行官方网站①。其中，各国的人均GNI具体指“人均GNI，PPP（美元现价）”。在寻找世界所有国家人均GNI中位数的时候，考虑了国家的人口数，即调整过人口权重。具体思路是：首先，世界上每个人被赋予的“人均GNI”等于自己所属国家的人均GNI；然后，根据每个人对应的人均GNI大小，从低到高对全世界所有人进行排

① 具体网址是：http://data.worldbank.org/data-catalog/world-development-indicators。

序，处于最中间位置的人对应的人均 GNI 即为“世界所有国家人均 GNI”的中位数。

需要说明的是，这里的“人均 GNI，PPP（美元现价）”是基于购买力平价指数（PPP）而得的，具体是将每个国家的人均 GNI 根据购买力平价指数转换成用美元衡量的具体数值，这里的 1 美元与在美国的 1 美元有相同的购买力。人均 GNI 即人均国民收入，是指每个国家的“国民总收入”除以年均总人口。人均国民收入既包括企业所得和政府所得，也包括居民个人所得。国民收入 = 国内生产总值（GDP） + 来自国外的要素收入 - 对国外的要素支出。其中来自国外的要素收入是指本国常驻单位从国外获得的劳动者报酬、利息、利润等。

PPP 购买力平价指数是指，能够买到与在美国 1 美元所能买到的相同数量的商品和劳务所需的货币数量。这里 PPP 购买力平价指数是针对私人消费的（比如，家户最终的消费支出）。PPP 数据信息来源于世界银行官方网站[①]。根据世行网站的注释，大多数国家的 PPP 都是基于 2011 年的国际比较方案（2011 ICP）而得到，另有 47 个中高收入国家的 PPP 来自于欧盟统计局和 OECD。

（二）CHIP 数据简介

在估算我国各年份中等收入者比重时，使用的是 1995 年、2002 年、2007 年、2013 年和 2018 年的 CHIP 数据（China Household Income Project），即中国住户收入调查，包含城镇样本、农村样本和流动人口样本。1995 年样本共计 56418 人[②]。2007 年样本共有 88629 人。随着调查年份变化，CHIP 数据所覆盖的省份有所变化，在不同省份抽样的比例也有所变化。为避免此因素对数据结果的影响，在计算过程中我们利用 CHIP 团队提供的基于两个层级（东/中/西，城市/农村/流动人口）的权重进行了调整（详见表 3 - 1）。

表 3 - 1　各年份 CHIP 数据的样本量　单位：人

年份	城镇	农村	农民工	全国
1995	20605	34739	1074	56418
2002	20363	37969	4804	63136

① 具体网址是：http：//data. worldbank. org/data - catalog/world - development - indicators。

② 1995 年的 CHIP 数据没有流动人口样本，只有城市样本和农村样本。

续表

年份	城镇	农村	农民工	全国
2007	30098	50938	7593	88629
2013	20395	34592	2114	62101
2018	28688	33930	6793	69411

资料来源：作者根据 CHIP 数据计算。

（三）采用绝对与相对有机结合的定义方法

绝对标准是从经济发展的角度来理解和定义中等收入者，随着一个国家或地区的经济发展和生活水平的提高，中等收入者比重会随之发生变化。相对标准则是从收入分布结构的角度来理解和定义中等收入者，一个国家收入分布结构的变化、收入差距的大小，会影响到中等收入者比重。众所周知，收入水平的提高和收入分布结构的变化，是影响中等收入者比重变化的两大主要因素，在定义中等收入者时，绝对标准和相对标准各有优势。因此，最佳的办法是采用绝对和相对标准相结合的方式来定义我国的中等收入者。这种定义方式，可以综合绝对和相对收入标准的优点，因此我们使用绝对标准和相对标准有机结合的方式来定义我国的中等收入者。下面采用相对标准来定义全球的中等收入者，然后把这个上下限应用到某一个具体的国家，以此来定义这个国家的中等收入者，这个全球相对标准对于这个特定国家来说就是绝对标准，如选取全世界 200 多个国家每年收入中位数的 67%—200% 估算我国当年的中等收入者。这种定义方式，不仅可以综合绝对和相对收入标准的优点，同时又可以从全球的视野来理解中国的中等收入者，便于国际比较。

上限与下限标准比较：上限不敏感，下限很敏感。

若采用绝对与相对标准相结合的方式来定义我国的中等收入者，则又会涉及另外一个问题，即具体应该使用收入中位数多大的比例区间，来作为中等收入者定义的下限和上限。

1. 上限不敏感

关于上限，在现有文献中有的使用收入中位数的 125%，也有使用 150%、200%、225% 或 300% 等。表 3 - 2 显示，若以世界上 200 多个国家收入中位数①为参照依据来定义我国的中等收入者，在保持下限不变的前提下（收入中位数的 66.6%），分别使用收入中位数的 125%、150%、

① 来自世界银行网站 https://data.worldbank.org/products/wdi。

200%、225%、300%作为定义我国中等收入者的上限，计算得出我国2018年中等收入者所占比重分别为22.02%、25.75%、29.5%、30.44%、31.71%，相互之间的差别并不大。由此看出，我国中等收入者比重对上限并不敏感。基于我国居民家庭的户人均收入分布，可以看出我国居民收入的分布严重向右偏尾，低收入者占绝大多数，收入中位数明显低于收入平均值。即便是采用较高的上限标准，其增加的中等收入者数量也不会明显增加，因为大多数居民都停留在较低的收入水平上。

2. 下限很敏感

关于收入中位数的下限标准，有的使用收入中位数的75%，还有的使用收入中位数的66.6%、60%或50%。表3－2显示，若同样以世界上200多个国家收入中位数为参照依据来定义我国的中等收入者，在保持上限不变的前提下，分别使用收入中位数的50%、60%、67%、75%作为我国中等收入者的下限，计算得出我国2018年中等收入者所占比重分别为42.75%、34.35%、29.48%、24.92%，最高为最低的两倍左右。由此看出，我国中等收入者比重对下限比较敏感。这再次说明了，在我国收入差距水平较大的背景下，收入中位数的下限附近分布着较多的群体，所以下限标准的高低对中等收入者规模具有显著影响。

表3－2　以世界上200多个国家收入中位数定义我国中等收入者

A：对上限的敏感性			B：对下限的敏感性		
下限	上限	2018年	下限	上限	2018年
中位数的67%	中位数的125%	22.02%	中位数的50%	中位数的200%	42.75%
中位数的67%	中位数的150%	25.75%	中位数的60%	中位数的200%	34.35%
中位数的67%	中位数的200%	29.48%	中位数的67%	中位数的200%	29.48%
中位数的67%	中位数的225%	30.44%	中位数的75%	中位数的200%	24.92%
中位数的67%	中位数的300%	31.71%	—	—	—

资料来源：作者根据2018CHIP数据计算。

（四）我国中等收入者的定义标准及其比较

为判断我国当前中等收入者比重状况，下面使用选定绝对和相对标准有机结合的方式，来定义我国的中等收入者。在全世界200多个有指标统计的国家中，根据各国人均国民收入排序，选择中位数国家的人均国民收入作为基准，并以这个中位数的67%—200%来定义我国同年中等收入者的上、下限。首先根据世行公布的全世界所有国家人均GNI和人口数，寻找到每个年份所有国家人均 GNI 的中位数（根据各国人口数调整过权重）；然后把这个中位数的 67% 和 200%，作为定义我国当年中等收入者的上下限。具体数值详见表 3－3。

表 3－3　不同定义方式对应的下限和上限　单位：元/天

界定方案	上下限	1995 年	2002 年	2007 年	2013 年	2018 年
世界人口收入中位数 67%—200%（当年价格）	下限（户人均收入）	22	28	44	68	83
	上限（户人均收入）	65	83	131	202	247
全国 10—100 美元（2005PPP）	下限（户人均收入）	28	32.2	37.6	46.5	50.9
	上限（户人均收入）	280	322	376	465	509
全国收入中位数 75%—200%	下限（户人均收入）	3.7	6.7	14.7	28.8	42.2
	上限（户人均收入）	10.0	17.9	39.1	77.0	112.6
全国收入中位数 67%—150%	下限（户人均收入）	3.3	6.0	13.0	25.7	37.6
	上限（户人均收入）	7.5	13.4	29.3	57.7	84.5
全国五等分组的最高第 4 组	下限（户人均收入）	6.7	11.2	25.1	39.4	62.9
	上限（户人均收入）	10.5	18.8	45.4	68.3	104.2
全国家庭年收入 8 万—40 万元（2010 年价格）	下限（户收入）	149	170	199	246	269
	上限（户收入）	744	852	995	1231	1347
全国家庭年收入 9.5 万—47.6 万元（2017 年价格）	下限（户收入）	162	177	201	243	266
	上限（户收入）	813	887	1009	1216	1331

资料来源：作者根据 CHIP 数据计算。表中呈现的数字都是以当年价格计价的收入。

在现有各种定义中，引用率比较高的是 OECD 中 Kharas（2010）提出的 10—100 美元（2005PPP）作为中等收入者的下限和上限。其中，10 美元是贫困线最低的两个发达国家（葡萄牙和意大利）贫困线的平均数，100 美元是最富裕发达国家（卢森堡）的收入中位数的 2 倍。发现 OECD 的下限在 2002 年前略高于本书的下限，在 2002 年后则明显低于我们的下限；同时 OECD 的上限又明显高于本书上限。总的来看，OECD 的标准比较宽泛，低的比我们更低、高的也比我们更高，因此他们估算出来的中等收入者比重会高于我们的结果。

表 3－3 还给出了我国统计局曾采用的 3 种方式来定义中等收入者：一是按户人均收入来计算的五等分组；二是 2010 年价格下家庭年收入介于 8 万—40 万元；三是 2017 年价格下家庭年收入介于 9.5 万—47.6 万元。由于统计局采用的后两种定义都是基于家庭年收入，而前面的定义都是基于人均可支配收入，所以统计局的后两种定义与前面定义没有直接的可比性。

表3-4比较了本书与国家统计局五等分组标准的大小，发现本书2018年的中等收入者下限与五等分组里最高组的门槛值相对接近。改革开放初期，我国大多数居民收入都很低，离全球平均水平有很大差距，因此本书使用全球水平界定的中产下限比我国最高20%居民的门槛值还要高很多。但是到了2007年和2013年，随着我国整体经济的增长，全球中产下限已开始略低于我国最高20%组的门槛值；到了2018年我们界定的中产下限标准，已明显低于五等分组中最高20%组的门槛值了。

表3-4　　本书中等收入者标准与五等分组比较

年份	第3组下限—五等分组	第4组下限—五等分组	第4组上限—五等分组	中产下限—本书	中产上限—本书
1995	4.5	6.7	10.5	21.7	64.7
2002	7.3	11.2	18.8	27.7	82.7
2007	14.4	25.1	45.4	43.9	130.9
2013	23.9	39.4	68.3	67.7	202.2
2018	39.9	62.9	104.2	82.9	247.4

资料来源：作者使用CHIP数据估算。

三、我国中等收入者比重及其变化

（一）我国中等收入者比重过去的变化趋势

根据前面给出的上下限标准，表3-5估算了我国1995年、2002年、2007年、2013年和2018年中等收入者比重。发现在1995年，我国仅有3.6%的人口属于中等收入者；在2002年，中等收入者比重也仅为10%。随着我国经济高速发展和居民收入提高，中等收入者比重在2007年增长到20.2%，2013年进一步增长到27.3%，2018年达到29.5%，我国中等收入者比重增长迅速。但从比重水平来说，现阶段我国中等收入者比重依然偏低，应用国际可比较标准，人均国民收入略高于我国的匈牙利在2015年的中等收入者比重为74.3%，希腊2016年为51.7%，均远超过同年我国的水平。从这个角度看，我国还没有形成中等收入者占多数的橄榄形社会，仍然是低收入者偏多的社会结构。但若从绝对数量来看，我国中等收入者的人数规模还是相当可观。

表3-5　各年份我国各收入组所占比重　单位:%

年份	1995	2002	2007	2013	2018
低收入者	96.3	89.7	78.3	70.6	67.6
中等收入者	3.6	10.0	20.2	27.3	29.5
高收入者	0.1	0.4	1.5	2.1	2.9
总计	100	100	100	100	100

资料来源：作者根据 CHIP 数据计算。

图3-1进一步显示，我国中等收入者规模的扩大，主要发生在城市地区。在城镇居民中，中等收入者所占比重从2002年的25.9%上升到2018年的45.1%。在流动人口中，中等收入者所占比重从2002年的14.3%上升到2018年的43.3%。在农村人口中，中等收入者所占比重仍然很低，即便是在2018年也仅有6.5%。

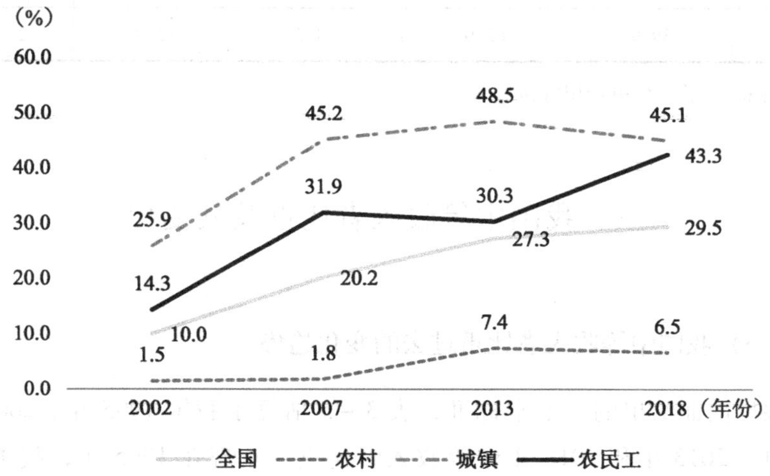

图3-1　各年我国中等收入者比重

资料来源：作者根据 CHIP 数据计算。

为分析中等收入者比重对中等收入者定义上下限的敏感性，本书做了两类稳健性检验（见表3-2）。在保持下限不变的前提下（收入中位数的67%），分别使用收入中位数的125%、150%、200%、225%、300%作为上限估算我国中等收入者比重，所得结果差别不大。由此看出，我国中等收入者比重对上限并不敏感。在保持上限不变的前提下（收入中位数的

200%），分别使用收入中位数的50%、60%、67%、75%作为下限来估算我国中等收入者比重，所得结果差别较大。由此看出，我国中等收入者比重对下限比较敏感。这再次说明了，我国低收入者占大多数，收入中位数的下限附近分布着较多人群，下限标准的高低对中等收入者规模有显著影响；而上限附近分布着较少人群，上限标准的高低对中等收入者规模影响不大。

（二）不同标准下中等收入者比重的显著差异

虽然社会各界对“中等收入者”有着概念上的共识，但在具体量化标准上却有很大差异。有的基于阶层、职业、教育、主观认同等定性指标，有的基于消费、财富、收入等经济指标，有的采用绝对标准，有的采用相对标准。基于不同标准估算出的我国中等收入者比重也差别很大（见图3－2）。比如，在对2012年我国中等收入者比重的估算中，最高值为54%（Dominic Barton等，2013），最低值为7.7%（李春玲，2013）；在对2025年的预测中，最乐观的结果是59.4%，最悲观的则为19.8%（Diana Farrell等，2006）。

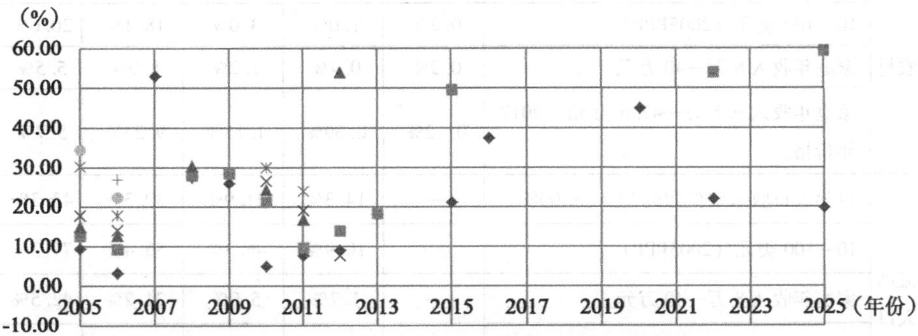

图3－2　不同文献估算出我国中等收入者比重

注：图中的每个圆形代表每篇文献。

（三）常用标准下中等收入者的比重

表3－6给出了四种不同定义下我国各年份的中等收入者比重。从中可以看出，虽然不同定义下我国中等收入者比重存在差异，但都显示，近些年我国中等收入者比重在逐渐提高。也就是说，随着近些年经济发展和居民收入水平的提高，我国中等收入者比重逐年扩大的趋势是非常明显的。

表 3-6　　不同定义下各年份我国中等收入者比重

	年份	1995	2002	2007	2013	2018
全国	世界人口收入中位数的 67%—200%	3.6%	10.0%	20.2%	27.3%	29.5%
	10—100 美元（2005PPP）	1.4%	7.4%	27.2%	46.1%	54.2%
	家庭年收入 8 万—40 万元（2010 年价格）	0.3%	1.8%	9.7%	24.7%	28.9%
	家庭年收入 9.5 万—47.6 万元（2017 年价格）	0.24%	1.55%	9.52%	25.35%	29.4%
	全国收入中位数 75%—200%	44.4	40.9	32.7	40.3	42.7
	全国收入中位数 67%—150%	39.3	35.9	26.8	32.5	35.7
	五等分组	20%	20%	20%	20%	20%
城市	世界人口收入中位数的 67%—200%	8.4%	25.9%	45.2%	48.5%	45.1%
	10—100 美元（2005PPP）	3.4%	19.6%	59.1%	74.2%	76.4%
	家庭年收入 8 万—40 万元	0.6%	4.4%	24.8%	42.5%	44.9%
	家庭年收入 9.5 万—47.6 万元（2017 年价格）	0.44%	3.80%	24.19%	43.35%	45.6%
农村	世界人口收入中位数的 67%—200%	0.6%	1.5%	1.8%	7.4%	6.5%
	10—100 美元（2005PPP）	0.2%	1.0%	3.0%	18.1%	20.6%
	家庭年收入 8 万—40 万元	0.2%	0.4%	1.2%	8.9%	5.5%
	家庭年收入 9.5 万—47.6 万元（2017 年价格）	0.12%	0.39%	1.15%	9.23%	5.7%
流动人口	世界人口收入中位数的 67%—200%	—	14.3%	31.9%	30.3%	43.3%
	10—100 美元（2005PPP）	—	10.9%	46.3%	56.4%	77.3%
	家庭年收入 8 万—40 万元	—	1.7%	5.0%	24.2%	42.5%
	家庭年收入 9.5 万—47.6 万元（2017 年价格）	—	1.56%	4.88%	25.43%	43.1%

资料来源：作者根据 CHIP 数据计算。

（四）我国中等收入者比重的趋势预测

在合理界定一个中等收入标准后，还需要结合我国当前的经济形势，由此进一步预测未来的中等收入群体增长情况。关于 2025 年、2030 年、2035 年中等收入者的上下限的定义，由于世界银行、国际货币基金组织等国际组织对全球经济增长的官方预测都只到 2020 年、2021 年，没有更久远的预测，我们借鉴国际上学者现有研究的做法①，假定从 2020 年到 2035 年世界经济年均增长率为 3%，并且收入分布不变。基于上述两个假定，并利用 2020 年世界各国人均 GNI 信息，估算出 2025 年、2030 年、2035 年世界所有国家人均 GNI 中位数，并把此中位数的 67%—200% 作为定义我国 2025 年、2030 年、2035 年中等收入者的上下限。然后，根据世行公布的各个年份的 PPP（购买力评价指数），将用美元衡量的上下限换算成用人民币衡量的上下限，并进一步除以 365，得出以“元/天”为单位的上下限。在 2025 年为 104—310 元区间，在 2030 年为 121—360 元区间，而在 2035 年则为 140—417 元区间。

最后在收入分布不变的假设下，在 6.5%、6%、5%、4%、3% 不同收入年均增长率情境中，我们估算了 2025 年、2030 年、2035 年的中等收入者比重。从图 3－3 可以看出，如果增速为 6%，到 2025 年和 2035 年我国中等收入者比重将达到 37.7%、44.3%；如果增速下降至 3%，则我国中等收入者比重只能徘徊在 30% 左右的水平。由此看出，提高我国中等收入者比重，保持一定的经济增长速度至关重要。

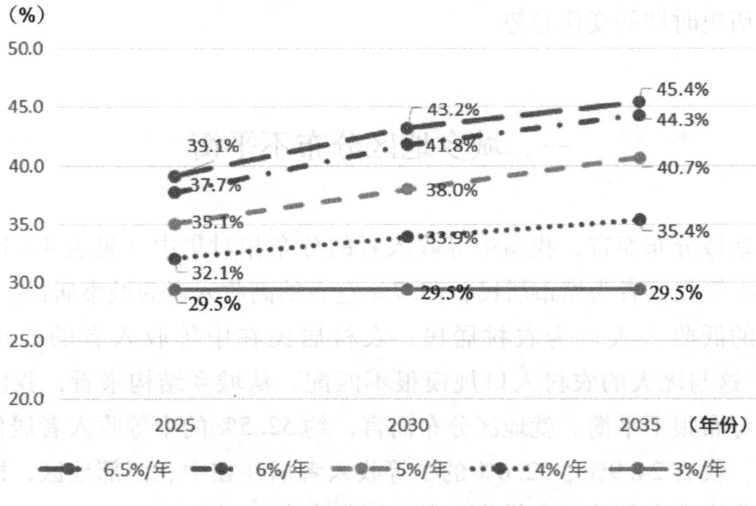

图 3－3　不同增长率下未来中等收入者比重

资料来源：作者根据 2018 年 CHIP 数据计算。在 3% 增长率的假定下四个年份对应的比重都为 29.5%，是因为在确定 2020 年之后各年份的中等收入者上下限时，假定世界人均 GNI 年增长率为 3%；假定我国年人均收入也为 3% 时，意味着居民收入和中等收入者的上下限都以相同的速度在增长，所以据此估算出 2025 年、2030 年、2035 年我国中等收入者比重没有发生变化。

① 哈佛大学理查德·库珀在《2035 年世界经济展望》中认为，2010 年到 2035 年世界经济年均增长率为 3%。布鲁金斯学会 Homi Kharas（2017）假设 2021—2030 年世界年均增长率与 2012—2020 年间相同，假定未来每个国家的收入分布不变。

第四章　中等收入者的特征描述

中等收入者是收入水平处于中等区间范围内的所有人员集体，本章将继续利用2018年CHIP数据，进一步分析中等收入者与其他群体相比具有哪些特征。按照上一章给定的计算标准，我们划定低收入者、中等收入者和高收入者，并聚焦中等收入者的主要特征。其中，个体人口学特征包括教育、性别、婚姻、政治面貌和就业状态等，同时也比较中等收入群体的家庭资产、家庭赡养和家庭结构等。另一方面，我们也比较中等收入群体的收入来源特征，尤其是比较工资性收入在整体收入中的占比情况，以及在不同历史时期的变化趋势。

一、城乡地区分布不平衡

就地域分布而言，我国中等收入者的分布相对集中（见表4－1），约77.1%中等收入者为城市居民，79.7%左右的高收入者为城市居民。相反，55.0%的低收入人口为农村居民，农村居民在中等收入者的比重仅为8.8%，这与庞大的农村人口规模很不匹配。从城乡结构来看，我国中等收入者分布很不平衡。就地区分布而言，约52.5%的中等收入者居住在东部地区，仅有24.9%、22.6%的中等收入者居住在中、西部地区，即中高收入者集中在东部地区，低收入者主要集中在西部地区。

综合来看，由于我国经济社会不平衡不充分发展的特征明显，东西分化、南北差距问题明显，体现在表4－1的中等收入者分布上，也发现中等收入者主要集中在城市地区，且东部居多。未来要进一步提升低收入者收入并进入中等群体，主要的着力点还在农村地区，当然城市也有较多的潜在中等收入者。

表4-1　　各收入组人群的地域分布　　单位:%

	低收入者	中等收入者	高收入者	总计
农村	55.0	8.8	3.8	39.9
城市	37.6	77.1	79.7	50.4
流动人口	7.4	14.2	16.5	9.7
总体	100.0	100.0	100.0	100.0
东部	35.8	52.5	67.0	41.6
中部	34.6	24.9	16.5	31.2
西部	29.6	22.6	16.5	27.2
总体	100.0	100.0	100.0	100.0

资料来源：作者根据2018年CHIP数据计算。

二、受教育程度相对偏低

就民族特征而言，中等收入者与其他组别的差异不是很大（见表4-2），中等收入者中少数民族所占比重略少于低收入者。不过从受教育程度来看，中等收入者中的受教育水平相对较高，平均受教育年限为12.2年，低收入者受教育水平明显偏低，仅为9.8年。从受教育阶段来看，低收入者中有38.0%为初中及以下学历，而中等收入者主要为高中学历，并有30.7%的中等收入者具有大专及以上学历，高收入者则超过半数以上都拥有大专及以上学历。从表4-2的学历结构来看，受教育程度是影响收入分组的显著重要因素，低收入者主要为初中或高中学历，而中等收入者主要为高中或大专学历，高收入者则大部分拥有大专及以上学历。

表4-2　　各组人群的个体特征　　单位:%

	低收入者	中等收入者	高收入者	总计
汉族	93.0	94.6	94.7	93.5
少数民族	7.0	5.4	5.3	6.5
总体	100.0	100.0	100.0	100.0
初中及以下	38.0	20.4	13.7	32.1
高中或中专	52.3	48.9	35.2	50.8
大专及以上	9.7	30.7	51.1	17.1
总体	100.0	100.0	100.0	100.0
成年人平均受教育年限（年）	9.8	12.2	14.0	10.7

资料来源：作者根据2018年CHIP数据计算。

应该说，我国仍然有大量受教育程度很低的低收入人口，未来要把他们提升为中等收入者，还需要在提升人力资本方面继续努力，特别是要加强教育与职业培训。正规学校教育在居民的收入水平及其增长中，仍然扮演着关键重要的角色，学历水平仍然是个体能否跻身成为中等收入者的核心影响因素。无论是全球化还是技术进步，在劳动需求和就业岗位发生很大变化的情况下，要针对性加大职业教育培训力度，让广大低收入人群更有能力找到新的工作岗位，从而稳定扩大中等收入者规模。同时要继续培育劳动者人力资本水平，使劳动力市场更具有活力和韧性。

三、储蓄率水平偏高

由于高收入群体人口比重很小、消费的绝对数量不是很大，而低收入阶层的消费能力有限，故一般认为市场消费的主体是中等收入阶层，所以中等收入者的消费率或储蓄率是大家关注的重点。图 4－1 显示，我国中等收入者的储蓄率较高，平均为 35.9%，中位数为 41.0%，高于低收入者。后文消费结构的结果显示，中等收入者在教育、医疗、养老方面的支出不是太高，储蓄的主要用途是用来买房，并占据家庭支出的主要部分。所以中等收入者规模扩大，虽然使消费总体数额增加了，但这并不一定意味着消费率的明显上升。

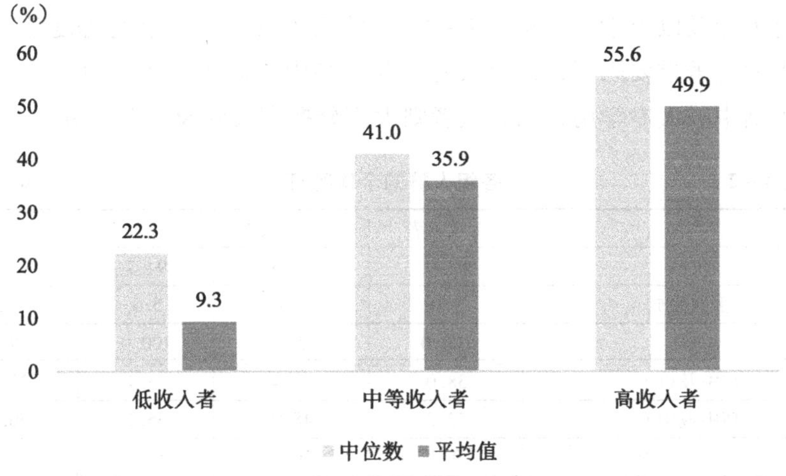

图 4－1　各组人群的储蓄率中位数和平均值

资料来源：作者根据 2018 年 CHIP 数据计算。

我们进一步分析中等收入者高储蓄率的原因，目前看可能主要是源于预防性储蓄，由教育、健康、医疗、养老负担重所导致（李春玲，2016）。特别是，由于我国收入分配差距较大，有很大一部分中等收入者处于社会平均收入附近，其收入水平仅略高于平均收入线，因此中等收入者的消费能力不足。由于高房价、高物价和高意外支出等因素，特别是由于我国社会保障制度尚不健全，由各种外生事件带来的意外支出占比偏高，我国中等收入者具有较大的脆弱感，中等收入者的相当一部分收入被用来预防性储蓄，用于消费的比例并不高。

近年来我国逐渐进入到老龄化社会，老年人口比例持续上升，同时养老产业发展相对滞后，养老产业的市场高质量供给不足，加之中国传统家庭观念的存在，增加了中等收入者的养老成本。养老保险的非均衡配置，使得城乡居民养老成本明显不同，农民相对付出更多，进一步提升中等收入群体负担。另外，医疗资源的非均衡配置一直以来都是民生领域比较突出的问题，优质医疗资源主要集中于大中城市，小城镇以及农村地区医疗资源相对匮乏，加之医疗保险的城乡差距，增加了中等收入人群的医疗成本，不利于提升中等收入者的消费倾向。关于教育服务，教育资源的不协调性也比较突出，中等收入者获得高质量教育机会付出的成本较高，同时择校费、补课费等更增加了人们的教育成本，降低了中等收入群体的消费倾向。

四、主要为工薪阶层

表4－3展示了不同组别的收入来源结构。无论是哪个群体，工资性收入所占比重都在60%左右，说明工资性收入仍然是居民收入的主要来源。另外，经营性收入仅占到中等收入者收入来源的13.4%，而对于低收入者和高收入者而言，所占比重都在20%左右。可以看出，中等收入者主要是工薪阶层，而不是自我经营、企业主等商业人员，所以从扩大中等收入者比重的角度来看，首先要改善营商环境、稳定市场主体，在经济下行、失业率存在扩大风险的现实条件下，政策要优先改善营商环境并促进就业稳定。同时，中等收入群体的收入来源主要是工资性收入，而高收入群体的财产性收入占比明显更高，说明增加对资本或财产性收入征税，可以相对降低对居民劳动所得的征税，由此也会有利于扩大中等收入群体规模。

对于发达国家的中等收入者来说，财产性收入通常都构成其收入的重要来源。然而从表4－3的结果看，财产性收入在我国中等收入者的收入中所占比重为10.0%，远低于发达国家。这说明总体上我国居民财富存量水平仍然相对较低，再加上资本市场不够发达、土地要素的市场化还有待继续完善，使得中等收入者的财产性收入占比仍不高。根据迟福林（2016）测算，土地承包权流转改革可以使得每户农民每年可新增流转收益4000元左右，而宅基地使用权流转改革使得每户农民每年可获得1.1万元左右新增收入，这两项措施使得农民每年可新增收入1.5万元左右，由此为一部分农民进入中等收入群体提供基础。所以，未来要扩大中等收入者比重，拓宽居民财产性收入来源是一个非常重要的途径。

表4－3　　各收入组人群的收入来源结构

	低收入者	中等收入者	高收入者	全部
工资性收入	56.9	61.8	58.1	59.5
经营性收入	18.7	13.4	26.6	17.1
财产性收入	6.2	10.0	10.5	8.7
转移性收入	18.3	14.8	4.7	14.7
总体	100.0	100.0	100.0	100.0

资料来源：作者根据2018年CHIP数据计算。

五、财产结构房产化明显

经历改革开放后几十年的经济高速增长，我国居民中有相当一部分已经积累了比较可观的财富，居民财产增长速度甚至明显超过居民收入的平均增速。同时，居民财产的构成也发生了很大变化，表4－4给出了不同收入者的财产结构占比，发现虽然房产所占份额有所差异，但与其他各分项财产相比，房产在每个群体所拥有的总财富占比都是最高的。

在中等收入者所拥有的财富中，有高达75.2%的财富是房产。这个比例不仅明显大于低收入者，同时也明显大于那些高收入者，体现中等收入者几乎把所有财富都投入到了房产上。由于我国中等收入者更多来自于城市，这可能与近些年我国房地产价格上涨带来的房产溢价有一定关系。低收入者的房产占自身总财富的份额（为67.6%）明显低于中等收入者，这一方面与低收入者大多来自农村地区，且农村地区的房价远低于城市有关，另一方面也可能与低收入者所居住的住房质量相对更差有关。

表 4 – 4　　各收入组的财产结构　　单位:%

	低收入者	中等收入者	高收入者	总体
房产净值	67.6	75.2	72.0	72.2
金融资产	15.6	13.5	18.0	14.8
耐用消费品价值	9.4	7.3	6.5	7.9
生产性固定资产	4.9	2.6	3.9	3.6
土地价值	3.3	0.8	1.8	1.8
其他资产	2.2	2.3	0.9	2.1
非住房负债	–3.0	–1.6	–3.0	–2.3
全部	100.0	100.0	100.0	100.0

资料来源：作者根据 2018 年 CHIP 数据计算。

另外，在其他财产类型中，总体上居于第二位的是金融资产，平均占比达到 14.8%。之后是耐用消费品资产，平均占比达到 7.9%。对于生产性固定资产来说，这是从居民侧反映经济生产活力的重要方面，不过从平均占比看，占居民财产的比例只有 3.6%。进一步看不同收入者类型，发现中等收入者的生产性固定资产占比最低，仅为 2.6%，远低于低收入者和高收入者，这也从侧面反映中等收入者的生产活力和贡献不足问题。另外，低收入者对应的土地价值份额为 3.3%，明显高于中等收入者对应的 0.8%，这也与低收入者大多是农村居民、而中等收入者大多是城市居民有关。

表 4 – 5 继续展示不同收入组的住房和耐用消费品拥有情况，发现不同组别的自有住房估算租金差别明显，平均来看中等收入者自有住房的估算租金约是低收入者的 2.7 倍，由此也验证了不同群体的住房条件差异。如果用“是否使用管道供水”“是否使用冲水式厕所”来衡量住房条件，几乎所有中等收入者和高收入者都使用管道供水和冲水式厕所，低收入者则并非如此。不同组别日常使用的炊用能源也很不同，很少中等收入者和高收入者使用柴草和煤炭作为炊用能源，而有 22.7% 的低收入者仍用柴草和煤炭作为炊用能源。总的来看，中等收入者的住房基本都有管道供水、有冲水式厕所等，电冰箱、洗衣机也是中等收入者家庭的必备耐用消费品，同时约 80% 的中等收入者家庭拥有空调。

表 4 – 5　　各收入组的住房和耐用消费品拥有情况

	低收入者	中等收入者	高收入者	总计
自有住房的月估算租金（元）	594	1583	2750	994
管道供水（%）	88.5	98.7	98.9	91.8

续表

	低收入者	中等收入者	高收入者	总计
冲水式厕所（%）	61.8	92.7	97.1	71.9
电冰箱（%）	94.0	97.9	98.4	95.3
洗衣机（%）	93.6	96.9	97.7	94.7
空调（%）	60.4	79.9	87.9	66.9
主要炊用能源为柴草和木炭（%）	22.7	2.6	2.0	16.2
能联网的电脑（%）	32.8	62.4	77.7	42.8
私家汽车（%）	34.3	58.7	75.8	42.7

资料来源：作者根据 2018 年 CHIP 数据计算。

就耐用消费品而言，无论是在中等收入者和高收入者家庭中，还是在低收入者家庭中，冰箱和洗衣机的存在都很普遍。但对于其他耐用消费品来说，不同组别拥有情况则有较大差异。比如，大多数中等收入者都拥有能联网的电脑，高收入者家户中更是普遍，对于低收入者来说则仅为 32.8%。另外，58.7%的中等收入者拥有私家汽车，低收入者则很少拥有私家汽车。就耐用消费品的拥有情况而言，我国中等收入者与低收入者差别明显，这与发达国家的中等收入者情况比较相似。

综合本章的描述，可以发现我国中等收入者的情况特征非常明显，普遍教育文化程度并不高，大多数具有初中或高中学历，主要从事工资性雇佣工作，大多数在私营单位就业，普遍拥有空调和电脑等耐用消费品，对于互联网信息的接入也比较普遍；同时在生产、生活方式方面，许多中等收入者都拥有私人汽车，财产结构房产化现象明显，而且主要生活在城市地区，储蓄率水平显著偏高，表明中等收入者在城市面临较大的收支压力，预防性储蓄现象突出。

第五章　中等收入者内部的显著差异

根据前文可知，我国中等收入者人口在2018年就超过4.1亿人，是美国总人口的1.35倍。虽然中等收入者人口规模很庞大，但不能简单把所有中等收入者打包成一个固有的群体。事实上，我国中等收入者人口众多，中等收入者内部也存在相当大的异质性。对于政策制定或宏观决策来说，不可能面对多达4亿多的中等收入者出台完全统一的政策，而应划分更细的群体类型并出台针对性政策，所以对不同的中等收入者应有所区别，进而在扩大或稳定中等收入者的对策中可以分类施策。

一、根据收入来源分组

根据第三章的划分标准，我们把2018年户人均可支配收入在83元至247元的家庭，都定义为中等收入者家庭。在此基础上，表5－1根据收入来源不同，进一步在中等收入者内部细分为四个子群体——工资性、经营性、财产性收入在可支配收入中占比分别超过50%，及这3类之外的中等收入者。

表5－1　中等收入者的内部结构差异

	定义方式	全国总人口比重（%）	中等收入者内部比重（%）
以工资性收入为主	工资性收入所占比重≥50%	17.9	60.8
以经营性收入为主	经营性收入所占比重≥50%	4.0	13.5
以财产性收入为主	财产性收入所占比重≥50%	0.8	2.6
其他	上述3类之外的中等收入者	6.8	23.0
总体	所有对应样本	29.5	100.0

资料来源：作者根据2018年CHIP数据计算。已根据全国人口分布情况对样本调整过权重。

从表5－1的数据可以发现，在我国中等收入者中，有60.8%是以工资性收入为主，在全国总人口中所占比重为17.9%；仅2.6%的中等收入者是以财产性收入为主，占全国总人口比重为0.8%；有13.5%的中等收入者是以经营性收入为主，占全国比重为4.0%。从收入来源角度看，中等收入者集中为雇佣就业工作，工资性收入的占比明显较高。

表5－2继续区分了不同中等收入者子群体的受教育程度，显示以工资性收入为主的中等收入者的受教育程度最高，约39.0%拥有大专及以上学历。这说明大部分的中产群体都涌入了稳定的工资性岗位就业，并且主要是依靠自身的人力资本积累而成为中等收入者。从这个角度来看，中等收入者的主要来源就在于教育培训，拥有良好的受教育层级，是获得稳定工资性就业机会和进入中等收入群体的重要影响因素。

表5－2　中等收入者子群体的受教育程度　单位：%

	以工资性收入为主——中等收入者	以经营性收入为主——中等收入者	以财产性收入为主——中等收入者	其他——中等收入者
初中及以下	19.3	27.1	25.5	18.7
高中大专职高	41.7	58.6	61.1	60.8
大专及以上	39.0	14.3	13.4	20.5
总体	100.0	100.0	100.0	100.0

资料来源：作者根据2018年CHIP数据计算。

从表5－3数据可以发现，38.0%的以工资性收入为主的中等收入者、15.0%的以财产性收入为主的中等收入者工作于党政机关、事业单位和国有及控股企业（国有单位），而仅有7.3%的以经营性收入为主的中等收入者工作于这几类单位。以经营性收入为主的中等收入者主要工作于私营企业，其中约52.9%为个体户或工作于私营企业。以工资性收入为主的中等收入者，约43.8%为个体户或工作于私营企业等。另外，从表5－3中就业者身份来看，高达63.2%以上的以工资性收入为主的中等收入者，其就业身份都为雇员。以经营性收入为主的中等收入者的就业身份分布相对均匀一些，以自营就业居多（44.2%），其次是工资性就业（19.1%）。

表5-3　　中等收入者子群体的单位所有制和就业身份　　单位:%

		家庭以工资性收入为主——中等收入者	家庭以经营性收入为主——中等收入者	家庭以财产性收入为主——中等收入者	家庭其他——中等收入者
单位所有制	国有单位	38.0	7.3	15.0	24.5
	集体企业	3.2	8.1	10.3	7.5
	合资或外商独资	6.8	16.8	6.9	9.3
	私营或个体	43.8	52.9	45.7	44.6
	其他	8.2	14.9	22.2	14.2
	总计	100.0	100.0	100.0	100.0
就业身份	工资就业	63.2	19.1	37.7	23.4
	自营就业	4.6	44.2	9.5	6.1
	家庭就业或失业	3.9	7.9	16.3	3.5
	非劳动力	28.4	28.8	36.5	67.0
	总计	100.0	100.0	100.0	100.0

资料来源：作者根据2018年CHIP数据计算。

表5-4继续观察中等收入者子群体的职业分布，发现以工资性收入为主的中等收入者内，专业技术人员的比重明显要高于其他类型的中等收入者，表明工资性就业的主体职业是专业技术人员，也说明这部分群体受教育程度的重要性。另外，以经营性收入为主的中等收入者内，办事人员和有关人员的比重明显也高于其他类型中等收入群体，占比高达47.5%。

表5-4　　中等收入者子群体的职业特征　　单位:%

	以工资性收入为主——中等收入者	以经营性收入为主——中等收入者	以财产性收入为主——中等收入者	其他——中等收入者
国家机关党群组织企事业单位负责人	7.4	6.3	3.5	6.0
专业技术人员	23.6	7.2	12.7	12.8
办事人员和有关人员	44.0	47.5	44.6	45.7
技术工人	10.2	12.8	9.6	10.2
非技术工人	1.1	4.1	0.7	3.1
其他	13.6	22.2	28.9	22.2
总计	100.0	100.0	100.0	100.0

资料来源：作者根据2018年CHIP数据计算。

由图 5－1 可以发现，以经营性收入为主的中等收入者的储蓄率为 47.2%，明显高于以工资性收入为主和以财产性收入为主的中等收入者的储蓄率（34.5%、26.6%）。以经营性收入为主的中等收入者之所以储蓄率很高，与他们的工作和收入不稳定性高有关。在政策环境不明确的背景下，这部分中等收入者对未来的焦虑感较强，使得预防性储蓄较高，由此导致他们具有消费能力却没有消费意愿。

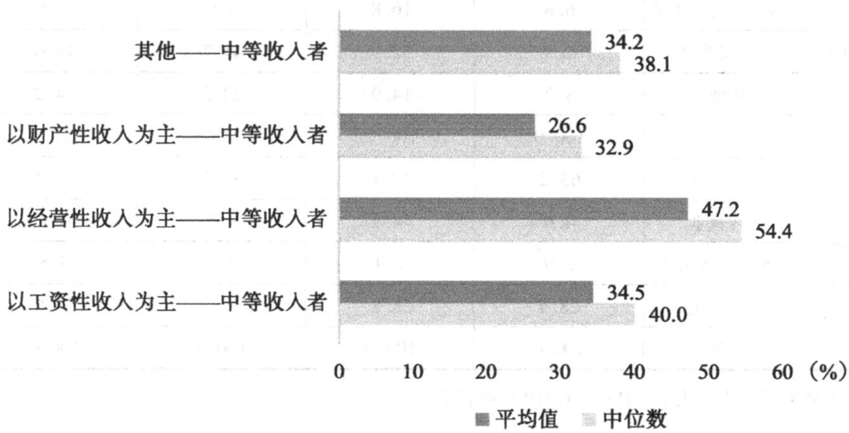

图 5－1　中等收入者子群体的储蓄率

资料来源：作者根据 2018 年 CHIP 数据计算。

二、按户籍和流动状况分组

根据户籍和流动状况的不同，表 5－5 将中等收入者分为三个子群体，包括城市居民、农村居民和农民工群体。

表 5－5　中等收入者子群体的人口结构　　单位：%

	以工资性收入为主——中等收入者	以经营性收入为主——中等收入者	以财产性收入为主——中等收入者	其他——中等收入者
农村居民	5.2	28.4	6.1	6.9
城市居民	77.3	49.7	89.8	91.1
农民工	17.5	21.9	4.1	2.0
总体	100.0	100.0	100.0	100.0

资料来源：作者根据 2018 年 CHIP 数据计算。这里农民工指工作/生活在城市超 6 个月的拥有农村户口的农村居民。

若按户口和流动状况分，在以工资性收入为主的中等收入者中，77.3%属于城市居民，仅有5.2%是农村居民，约17.5%是农民工，这说明农村缺乏非农就业的机会，导致工资性就业的比重很低。同时在以经营性收入为主的中等收入者内，也有高达49.7%是城市居民，由此说明城市创业就业或自雇佣就业的比重较高。

观察不同户籍的中等收入者的受教育程度差异可发现，中等收入者内农民工的学历整体比农村居民的学历高（见表5－6），而这两个群体的学历水平又都明显低于对应的城市居民，由此也说明教育在提升中等收入者比重方面的重要作用。

表5－6　不同户籍中等收入者的受教育程度　单位：%

	农村居民——中等收入者	城市居民——中等收入者	农民工——中等收入者
初中及以下	29.1	18.6	24.7
高中大专职高	58.9	47.6	50.1
大专及以上	12.0	33.8	25.3
总体	100.0	100.0	100.0

资料来源：作者根据2018年CHIP数据计算。

表5－7显示，约48.7%的农民中等收入者、73.5%的农民工中等收入者都属于私营或个体就业，很少就职于国有单位或集体企业。与此相反，仅有约44.3%的中等收入城市居民，属于个体户或者工作于私营企业，有高达38.7%的中等收入城市居民工作于国有单位和集体企业等部门。另外，约43.9%、54.9%的农民与农民工中等收入者的就业身份是雇员，约25.9%的农民中等收入者的就业身份是自营劳动者，但城市中等收入者自营就业的比重仅为8.0%。对于城市居民来说，自营就业的比重相对偏低，未来要让更多城市居民晋升到中等收入者行列，就必须鼓励和支持民营企业发展，放开放宽对私人资本的限制，改善民营企业营商环境。

表5－7　中等收入者的单位所有制和就业身份　单位：%

		农村居民——中等收入者	城市居民——中等收入者	农民工——中等收入者
单位所有制	国有单位	11.4	38.7	12.7
	集体企业	13.0	4.1	1.5
	合资或外商独资	6.8	3.3	5.9
	私营或个体	48.7	44.3	73.5
	其他	20.1	9.6	6.5
	总计	100.0	100.0	100.0

续表

		农村居民——中等收入者	城市居民——中等收入者	农民工——中等收入者
就业身份	工资就业	43.9	46.4	54.9
	自营就业	25.9	8.0	14.2
	家庭就业或失业	5.6	4.3	6.2
	非劳动力	24.5	41.4	24.7
	总计	100.0	100.0	100.0

资料来源：作者根据2018年CHIP数据计算。

表5-8显示，农民中等收入者内党政机关或企事业单位负责人的比重很低，仅为2.8%左右，专业技术人员的比重也很低，仅为10.9%左右，相反非技术工人的比重明显偏高。对应来看，城市中等收入者的党政机关或企事业单位负责人比重高达7.8%，专业技术人员的比重也能达到21.1%。另外，中等收入者中的农民、农民工比城市居民更加集中于东部地区。我国中等收入者中的农村居民，仅有19.7%来自西部地区，约有53.8%来自东部地区，地域分布很不均衡。对于我国中等收入者中的城市居民，约25.9%居住在中部地区，约23.6%居住在西部地区。

表5-8　　不同中等收入者的职业概况　　单位:%

		农村居民——中等收入者	城市居民——中等收入者	农民工——中等收入者
单位所有制	国家机关党群组织企事业单位负责人	2.8	7.8	6.2
	专业技术人员	10.9	21.1	19.1
	办事人员和有关人员	35.3	45.4	47.7
	技术工人	17.3	9.3	12.0
	非技术工人	4.9	1.6	0.7
	其他	28.8	14.8	14.4
	总计	100.0	100.0	100.0
地区	东部	53.8	50.5	62.5
	中部	26.5	25.9	18.1
	西部	19.7	23.6	19.3
	总计	100.0	100.0	100.0

资料来源：作者根据2018年CHIP数据计算。

从表5-9的数据看，无论是中等收入者中的农村居民、农民工还是城市居民，职业是“农林牧渔业生产人员”的人员比重都非常低，即便是中等收入者的农村居民，也仅有5.8%的人员是纯粹从事农业生产。这也意味着，农村居民要想成为中等收入者，单纯发展农业是不够的，仅从事农业无法大幅提高农民收入、难以让他们晋升到中等收入者行列。要提高农村地区中等收入者比重，还是要增加居民从事非农工作或非农经营的机会，大力拓宽农民的非农收入来源，发展农村地区的非农经济产业或鼓励农民流动到城市就业。

表5－9　不同中等收入者的行业分布概况　单位：%

	农村居民——中等收入者	城市居民——中等收入者	农民工——中等收入者	总体
农、林、牧、渔、水利	5.8	2.3	1.0	2.4
采掘、地质勘探、普查业	0.5	1.1	0.1	0.9
工业、制造业	14.3	13.0	21.3	14.6
建筑业	11.1	4.8	7.9	6.0
批发零售、住宿餐饮	13.5	13.5	26.5	15.7
交通运输、邮电通信	4.9	6.3	5.2	6.0
金融、保险业	1.5	4.0	3.2	3.6
房地产	11.9	2.5	2.3	3.5
科学研究和综合技术服务业/信息传输和软件信息	4.5	5.6	6.7	5.6
居民服务＋租赁和商务服务业＋水利环境＋公共设施服务管理业	17.8	16.0	14.6	15.9
教育、文化艺术、体育娱乐、广播电视业	4.1	9.9	4.2	8.3
卫生＋社会工作＋社会福利业	2.9	5.3	2.4	4.6
国家机关、党政机关＋公共管理＋社会保障＋社会团体＋社会组织	6.2	12.5	3.2	10.2
其他行业	1.2	3.1	1.4	2.6
总计	100.0	100.0	100.0	100.0

资料来源：作者根据2018年CHIP数据计算。

通常来讲，农民和农民工的收入要低于城市居民，但图5－2显示中等收入者中的农民和农民工比城市居民的储蓄率还要高。这也说明，由于我国农民和农民工不像城市居民那样有稳定的工作和收入，享受不到像城市居民那样的社会保障，生活存在很大的不确定性，所以中等收入者中的农民和农民工即便没有城市居民收入高，却将更多的收入储蓄起来以备不时之需。这也进一步说明，要想促进农民和农民工群体消费、提高他们的消费意愿和动机，让他们享受到像城镇职工一样的福利待遇，推进基本公共服务均等化非常重要。

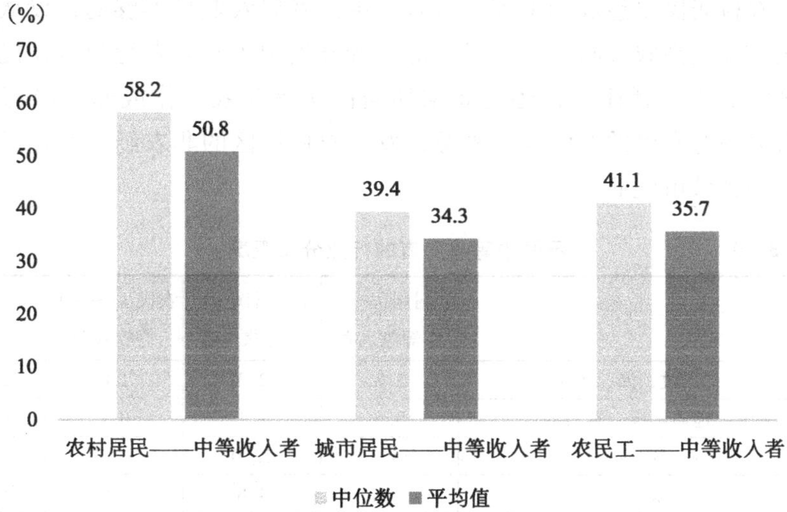

图5－2　不同户籍中等收入者的储蓄率

资料来源：作者根据2018年CHIP数据计算。

三、根据职业行业分组

图5－3给出了我国中等收入者的职业分布，发现我国中等收入者内，约44.7%为办事人员和有关人员，19.7%为专业技术人员，技术工人的比重为10.6%，党政机关事业单位和国企等负责人仅为7.0%。由表5－10的数据发现，党政机关、企事业单位负责人、专业技术人员、办事人员的受教育程度，明显高于商业服务业人员和生产运输设备操作及相关人员。前者以大专及以上学历为主，而后者以初中或高中学历为主。

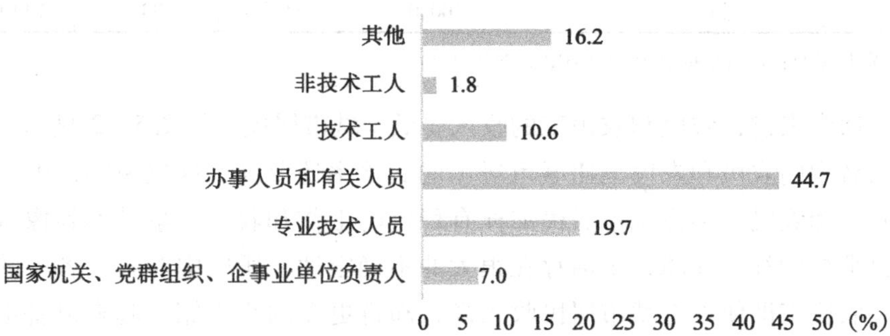

图5－3　我国中等收入者内部的职业分布

资料来源：作者根据2018年CHIP数据计算。

表 5－10　不同职业中等收入者的受教育程度　单位:%

	国家机关、党群组织、企事业单位负责人	专业技术人员	办事人员和有关人员	技术工人	非技术工人	其他
初中及以下	1.0	1.8	7.5	10.2	41.8	10.4
高中大专职高	29.6	28.2	49.6	76.2	50.9	69.1
大专及以上	69.4	70.1	42.9	13.6	7.4	20.5
总体	100.0	100.0	100.0	100.0	100.0	100.0

资料来源：作者根据 2018 年 CHIP 数据计算。

无论是哪种职业的中等收入者，工作于私营企业的人员比重都很高，占比介于 35%—50%（见表 5－11）。中等收入者中的党政机关、企事业单位负责人、专业技术人员、办事人员及相关人员，大多数都工作于国有部门，而中等收入中的工人则大多数都工作于个体或私营部门。

表 5－11　不同职业中等收入者的单位所有制　单位:%

	国家机关、党群组织、企事业单位负责人	专业技术人员	办事人员和有关人员	技术工人	非技术工人	其他
国有单位	52.3	52.1	30.4	17.1	5.6	12.1
集体企业	2.3	1.8	2.5	2.2	4.5	16.5
合资或外商独资	3.1	8.0	6.0	24.4	9.9	8.3
私营或个体	39.0	35.4	50.4	49.9	37.4	43.6
其他	3.3	2.7	10.7	6.5	42.6	19.6
总计	100.0	100.0	100.0	100.0	100.0	100.0

资料来源：作者根据 2018 年 CHIP 数据计算。

图 5－4 显示，各职业中等收入者的储蓄率在 32%—50%。中等收入者中党政机关、企事业单位负责人的储蓄率最低，平均值为 32.1%。中等收入者内非技术工人的储蓄率最高，平均为 49.5%。党政机关、企事业单位负责人拥有稳定的工作和收入、享有比较完善的福利保障，而非技术工人的工作流动性比较大，职业可替代性强、收入不稳定且难以享受到完善的社会福利保障，所以他们会将收入的很大一部分储蓄起来以备不时之需。

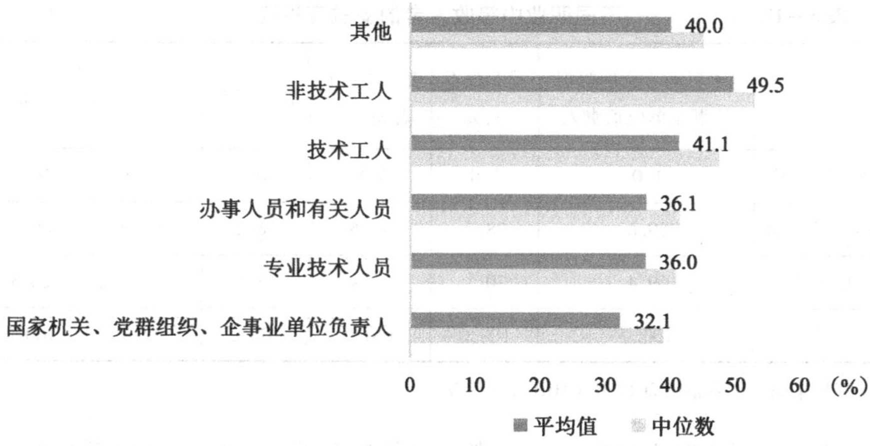

图 5－4　不同职业中等收入者的储蓄率

资料来源：作者根据 2018 年 CHIP 数据计算。

四、根据消费率分组

我们用“消费率＝消费/可支配收入”来衡量中等收入者的消费支出，并根据消费率的高低，将中等收入者又细分为五个等分组，从而比较不同中等收入者的消费特征差异。表 5－12 显示，高中学历中等收入者的消费率最大，远超过其他受教育层次的中等收入者。

表 5－12　　中等收入者的受教育程度与消费率　　单位：%

	最低等分组 1	等分组 2	等分组 3	等分组 4	最高等分组 5
初中及以下	22.2	20.8	19.4	19.0	17.0
高中大专职高	52.2	48.0	47.8	47.5	44.1
大专及以上	25.6	31.2	32.8	33.5	38.9
总体	100.0	100.0	100.0	100.0	100.0

资料来源：作者根据 2018 年 CHIP 数据计算。

由表 5－13 的数据发现，消费率越大的中等收入者，食物消费支出所占比重越低，即恩格尔系数越低，而教育和医疗这些发展型消费支出比重越高。或者说，储蓄率越低的中等收入者，食物消费支出所占比重越低，恩格尔系数越低，而教育和医疗这些发展型消费支出所占比重则越高。因而可以看出，那些消费率大的中等收入者，是那些受教育程度高且教育医疗等发展型消费支出所占比重高的中等收入者。

表5-13　　中等收入者的消费结构　　单位:%

	最低等分组1	等分组2	等分组3	等分组4	最高等分组5
食物	32.8	31.2	29.3	27.2	22.0
衣着	7.4	7.3	7.0	6.8	5.3
居住	24.8	24.8	24.1	23.1	19.7
生活	5.6	6.0	6.2	6.5	7.3
交通	12.2	11.4	11.8	12.3	20.7
教育	9.1	10.4	11.5	12.7	12.0
医疗	5.8	6.5	7.6	8.9	10.6
其他	2.3	2.4	2.4	2.6	2.4
总计	100.0	100.0	100.0	100.0	100.0

资料来源：作者根据2018年CHIP数据计算。

从消费结构上看，无论是哪类中等收入者子群体，都以食物、居住、交通等这些满足基本生活需求的支出为主，而教育、医疗这些发展型消费支出占比则明显偏低，这也意味着我国中等收入者的消费质量和消费层次还有待提升。综合来看，以教育、医疗和养老等为代表的大额刚性消费支出，容易侵蚀中等收入者的生活质量，制约工薪阶层财富积累的能力，使得中等收入者的消费作用难以充分发挥出来。因此，需要在教育、医疗和养老等方面的政策改革，要在住房保障、养老保障、医疗保障方面花较大力气完善相关制度，从而支持中等收入者减负。

第六章　扩大中等收入者比重的政策效果

影响中等收入者人群扩大的政策力量有很多，但是真正决定中等收入者人群扩大的长期、中期和短期政策因素主要有三个，一是人口结构的长期影响；二是经济增长的中期趋势性变化；三是公共政策的短期调控影响。除人口结构因素外，本章专门分析影响中等收入者比重的经济增长和公共政策影响。

一、经济增长的涓滴效应

收入增长和收入分布变化是影响中等收入者规模的两大因素。我国中等收入者规模扩大，有多少是由收入增长带来的，有多少是由收入分配变化带来的？利用2013 年和2018 年 CHIP 数据，可以模拟识别出收入增长和收入分配的影响。在保持 2013 年收入分配格局不变的前提下，假设从2013 年到2018 年每人的收入增长率都相同，均等于 2013—2018 年这 5 年的户均收入增长率，就可以估算出 2013—2018 年间在收入分配格局不变情况下的 2018 年中等收入者比重，进而能将模拟与实际的比重做比较。具体如表 6 - 1 所示。

就全国而言，2018 年模拟与实际的中等收入者比重差别不大，但城乡之间有较大差异。与实际比重相比，模拟的城市中等收入者比重略高（是55. 0% 而不是 45. 1%），模拟的农村中等收入者比重也略高（是 8. 7% 而不是 6. 5%）。不过，在这种假想状态下估算出的农民工中等收入者略低（是 38. 3% 而不是 43. 3%），也就是说，在 2013 年到 2018 年，尽管收入分配格局变化没有影响中等收入者的总体规模，但略微降低了农村和城市的中等收入者所占比重，稍微提高了农民工的中等收入者比重。这也反映出，在 2013—2018 年，农民工的收入增长率略高于农村居民和城市居民。

表6－1　模拟与实际的中等收入者比重　单位：%

范围	假定自2013年起收入分配结构不变仅收入增长的情况下所估算出的2018年中等收入者比重	2018年实际中等收入者比重
全国	30.5	29.5
城市	55.0	45.1
农村	8.7	6.5
流动人口	38.3	43.3

资料来源：作者根据2013年和2018年CHIP数据计算。在2013年收入分配格局基础上，假设从2013年到2018年每人年收入的增长率都相同，这样就可以估算在收入分配格局没有变化情况下2018年中等收入者所占比重。

图6－1中的虚线是基于2013年收入分布、并假定在2013年到2018年间每人年收入增长率都等于这几年户人均收入增长率的平均水平，进而估算出2018年的收入分布。图中实线是2018年对应的实际收入分布，可以看出2013年到2018年间收入分布变化不大，对中等收入者比重的影响也不大。我们对2002—2007年和2007—2013年的变化也做了类似分析，发现就全国水平而言，在保持收入分布不变这种假想状态下估算出的中等收入者比重与实际的中等收入者比重基本一致。

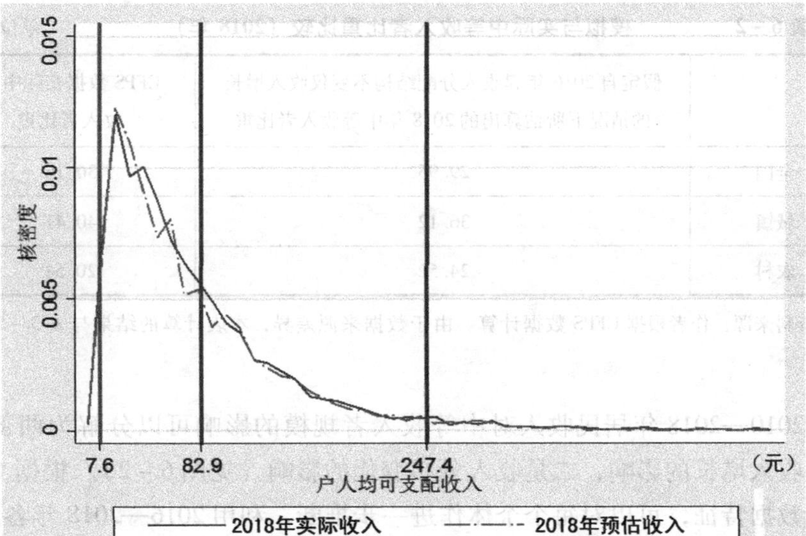

图6－1　模拟和实际的收入分布比较

资料来源：作者根据2013年和2018年CHIP数据计算。

CHIP 数据属于多年混合横截面数据，为做到更精确推断，我们利用 CFPS 2010 年、2016 年和 2018 年的面板数据做补充分析。具体计算过程是：首先利用2010 年到2016 年的 CFPS 面板数据，计算出这6 年间每人可支配收入年均增长率；然后假定在 2016—2018 年，个人可支配收入年均增长率等于所有人在 2010—2016 年间的年均增长率；再估算出每个人 2018 年的模拟可支配收入，并利用前文提到的中等收入者定义，估算出 2018 年我国中等收入者比重。

利用上述方法，2018 年我国模拟中等收入者比重是 29.95%，而数据计算的实际比重是 30.16%，两者几乎一致（见表 6－2）。由于我国存在较大的城乡差异，只关注全国整体情况会掩盖内部存在的差异。与实际比重相比，假想状态下估算出的城市中等收入者比重略低（是 36.12% 而不是40.41%），所估算出的农村中等收入者比重较高（是 24.52%，而不是20.54%）。也就是说，从 2016 年到 2018 年，居民收入分配格局变化仅小幅影响中等收入者总体规模，中等收入者比重变化主要还是收入增长所带来的。综上所述，我国居民中等收入者比重变化存在城乡间差异，城市居民中等收入者比重的提高，主要源于总体收入水平的提高并非收入分配格局的变化，而农村中等收入者比重变化受到收入分配格局变化的影响较大。

表 6－2　　模拟与实际中等收入者比重比较（2018 年）　　单位:%

	假定自 2016 年起收入分配结构不变仅收入增长的情况下所估算出的 2018 年中等收入者比重	CFPS 数据实际中等收入者比重
全国	29.95	30.16
城镇	36.12	40.41
农村	24.52	20.54

资料来源：作者根据 CFPS 数据计算。由于数据来源差异，本表计算的结果与表 3－5 略有差异。

2010—2018 年居民收入对中等收入者规模的影响可以分解为两部分：一是收入增长的影响，二是收入分布变化的影响（见图 6－2）。根据 CFPS 面板数据特征，可以对每个个体作进一步推断，利用 2016—2018 年各地区收入平均增长率①，获得 2018 年模拟的收入水平，再与 2018 年的实际收

① 理想状态是根据每个个体平均增长率进行推算，考虑到个体可能会有异常值，对最终结果有较大影响，因此我们根据各省人均收入增长率进行替换。

入水平对比，两者差异则是由分配变化所带来的。

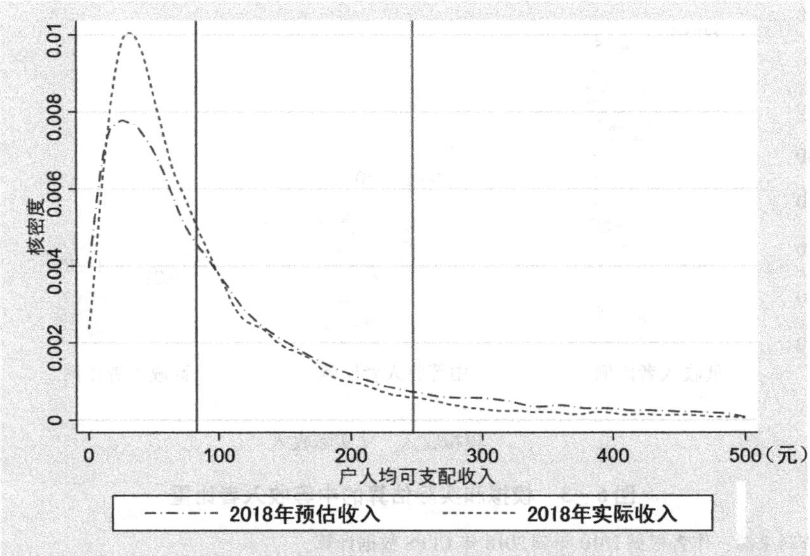

图 6-2　模拟与实际的收入分布比较

资料来源：作者根据 2010 年到 2018 年 CFPS 数据计算。长点虚线是按照上述计算方法，在假定收入分布不变情况下估算的 2018 年收入分布，短虚线则是 2018 年的实际收入分布。左边垂直于横坐标直线表示区分低收入阶层和中等收入阶层的界限，右边垂直于横坐标的直线表示区分高收入阶层和中等收入阶层的界限。

2016—2018 年实际中等收入者比重，会从 25.15% 增长到 29.95%，这是由收入增长和收入分布变化两个因素共同作用的结果。根据 2016 年实际收入分布，计算 2018 年模拟的中等收入者比重为 29.95%，2016—2018 年中等收入者比重增长 4.801%，这仅是由收入增长带来的变化；而收入分布变化导致中等收入者比重上升 0.21%，收入分配结构几乎没有影响。因此，扩大中等收入者比重，主要来源于居民收入水平的稳定增长。

近些年我国中等收入者比重在逐渐提高，主要源于我国居民整体收入水平的提高，而不是收入分配格局的变化。根据表 6-2 和图 6-3 的测算结果可知，我国中等收入群体比重的提高，约 95% 来源于居民收入增长，约不到 5% 来源于居民收入格局变化，由此看出保持一定的经济增长速度，对提高我国中等收入者比重至关重要。

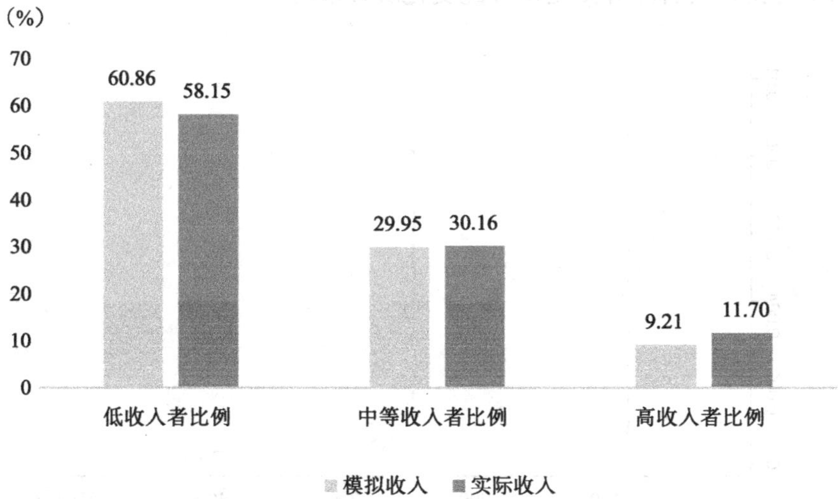

图6－3　模拟和实际估算的中等收入者比重

资料来源：作者根据2010年到2018年CFPS数据计算。

二、再分配政策的效果

政府参与居民收入再分配的方式，主要包括政府向居民的转移支出、居民向政府上缴的个人所得税和社会保障缴费。公共转移支出是政府通过社会保障和社会救济等制度支付给居民，主要提高低收入者收入水平，即通常所说的“提低”。而个人所得税和社会保障缴费则是居民上缴给政府，且税负和缴费额随居民收入水平提高而上升，具有一定累进性，有调节高收入者收入水平的作用，即通常所说的“调高”。目前我国已建立了以财政转移支付、税收政策、社会保障制度为主要支柱的收入再分配政策体系。虽然货币政策、产业政策和其他宏观政策也会影响到居民收入分配，但并不构成我国收入分配调节政策的主体。

根据国际通用核算方法，居民市场收入减去个人所得税和社会保障费，再加上来自政府和私人的转移性收入，就形成居民的可支配收入，这是居民可以自由支配的用于消费和储蓄的收入。下面将分析各项税费、公共转移收入以及私人转移对我国中等收入者比重的影响。以估算税费对中等收入者比重的影响为例，先用居民市场收入来估算中等收入者比重，然后用居民市场收入扣除各项税费，并再估算中等收入者比重，两者之差便是税费对中等收入者比重的影响。[①]

表6-3显示了各项税费、公共和私人转移支付对中等收入者比重的影响，发现再分配政策显著扩大了中等收入者比重。就全国而言，各项再分配政策使中等收入者比重从23.39%上升到了29.38%，提高了5.99个百分点，相对变化率为25.6%，政策效果明显。分城乡看，各项再分配政策在城市比在农村的效果更明显，使得城市中等收入者比重上升了11.22个百分点，相对变化率为33.2%，而仅使农村中等收入者比重上升了1.71个百分点，相对变化率为34.9%。

表6-3　再分配政策对中等收入者比重的影响　单位:%

		中等收入者比重	中等收入者比重的实际变化	中等收入者比重的变化率
全国	市场收入	23.39		
	可支配收入	29.38	5.99	25.6
农村	市场收入	4.90		
	可支配收入	6.61	1.71	34.9
城市	市场收入	33.82		
	可支配收入	45.04	11.22	33.2

资料来源：作者根据2018年CHIP数据计算。

三、各项社会保险的效果

社会保障政策主要包括养老保险、医疗保险、失业保险、生育保险和住房公积金，其中对居民收入分配影响最大的主要是养老保险、医疗保险和住房公积金。近些年，我国社会保障制度在不断完善，比如积极推进城乡社会保障制度的整合，推进医疗保险关系可转移和异地结算，全面实施城乡居民大病保险制度等。尤其是建立了覆盖城乡居民的养老保险制度和医疗保障体系，这对提升低收入者的收入起到了重要作用。

① 本章政策效果部分数据来自于杨修娜的相关计算，由于个别数据的缺失原因，导致个别结果会略有差异。关于社会保障制度效果，是选择以家户为单位还是以个人为单位存在一定争议。低保金等社会救济和补助是以家庭为单位发放，而各种税费却是以个人为单位征收，一般认为以个人为单位能更好衡量社会保障制度带来的影响。也可参见何立新、佐藤宏："不同视角下的中国城镇社会保障制度与收入再分配"，《世界经济文汇》，2008年第5期。

表6-4显示了各项保险费对中等收入者比重的影响。就全国而言，各项保险费缴纳使中等收入者比重下降了1.26个百分点，相对变化率为5.39%。分城乡而言，各项保险费对城市和农村的中等收入者比重影响差别不大，都比较微弱。虽然各项社会保障缴费的整体效果微弱，但就几个缴费分项而言，养老保险费对中等收入者比重的影响，大于医疗保险费、失业保险费及其他缴费。这从一定程度上反映出，我国中低收入者缴纳各项费用的负担相对较重。应该说，社会保障政策总体上有助于提升中等收入者比重，但必要的缴费环节对中低收入者还是形成了一定负担。

表6-4　社会保险缴费对中等收入者比重的影响　单位:%

	全国			农村			城镇		
	中等收入比重	比重变化	比重变动率	中等收入比重	比重变化	比重变动率	中等收入比重	比重变化	比重变动率
市场收入	23.39			4.90			33.82		
—各项缴费合计	22.13	-1.26	-5.39	4.45	-0.45	-9.18	32.03	-1.79	-5.29
—养老保险费	22.46	-0.93	-3.98	4.64	-0.26	-5.31	32.47	-1.35	-3.99
—医疗保险费	23.02	-0.37	-1.58	4.76	-0.14	-2.86	33.3	-0.52	-1.54
—失业保险费	23.38	-0.01	-0.04	4.89	-0.01	-0.20	33.83	0.01	0.03
—其他缴费	23.37	-0.02	-0.09	4.90	0.00	0.00	33.79	-0.03	-0.09

资料来源：作者根据2018年CHIP数据计算。

四、个人所得税的效果

目前我国税收制度共有18个税种，其中个人所得税与居民收入分配密切相关。我国从1980年起开始征收个人所得税，随后经过四次重要的修正完善。随着我国居民收入的不断提高，居民收入分布逐渐整体右移，个人所得税也逐渐覆盖更多的人群。近年来个人所得税的累进性也越来越强，对中高收入者的征收力度相对较高，对低收入者的征收比例相对较低，因此也有助于提升中等收入者比重。

表6-5显示，个人所得税使中等收入者比重小幅上升，征收个人所得税对中等收入比重的影响效果为正，这与各项社会保障缴费的影响正好相反。具体而言，个人所得税使全国中等收入者比重上升了0.06个百分点，使城市中等收入者比重上升了0.11个百分点，不过对农村的中等收入者比

重影响不大。征收个人所得税可能使个别高收入者变为中等收入者，当然更大可能提升低收入者至中产群体，从而小幅提高了中等收入者比重。下一步个人所得税征收改革目标在于，要进一步改革和完善个人所得税政策，调整起征点和征收方式，继续合理调节高收入群体，进一步降低中低收入者负担，从而稳定提升中等收入者比重。

表 6－5　　个人所得税对中等收入者比重的影响　　单位：%

		中等收入者比重	中等收入者比重的实际变化	中等收入者比重的变动率
全国	市场收入	23.39		
	－个人所得税	23.45	0.06	0.26
农村	市场收入	4.90		
	－个人所得税	4.90	0.00	0.00
城市	市场收入	33.82		
	－个人所得税	33.93	0.11	0.33

资料来源：作者根据 2018 年 CHIP 数据计算。

五、政府转移支付的效果

财政转移支付主要是政府给居民家庭提供财政资金补助。转移支付的对象通常是贫困、低能或失能、老年独居等处于社会底层、工作能力有限或者根本无法工作、收入较低的人群，还为某些特定人群（比如退伍军人、流浪乞讨者、孤儿等）提供补助，这些人获得补助后收入会有所增加。根据被补助对象的不同，转移支付可以分为三大类，即社会福利、社会救助、社会优抚。近年来，我国财政转移支付总额不断提高，能够享受到转移支付的人群也在不断增加，目前已经实现了对各类弱势群体的全覆盖。

表 6－6 显示，政府转移支付使中等收入者比重提高了 6.53 个百分点，相对变化率为 27.92%。这也表明，政府转移支付政策是一项有力的收入分配调节政策。与其他政策相比，政府转移支付对中等收入者比重的提升影响最大。进一步分城乡讨论发现，农村地区公共转移支付对中等收入者比重的影响效果，明显小于城市地区。政府转移支付使农村中等收入者比重提高了 1.3 个百分点，相对变化率为 26.53%；使城市中等收入者比重提高了 12.18 个百分点，相对变化率为 36.01%。

表6-6　政府转移支付对中等收入者比重的影响　单位：%

	全国			农村			城镇		
	中等收入比重	比重变化	比重变动率	中等收入比重	比重变化	比重变动率	中等收入比重	比重变化	比重变动率
市场收入	23.39			4.90			33.82		
+公共转移收入	29.92	6.53	27.92	6.20	1.30	26.53	46.00	12.18	36.01
+离退休金	28.89	5.50	23.51	5.39	0.49	10.00	44.67	10.85	32.08
+城镇居民养老金收入	23.65	0.26	1.11	5.03	0.13	2.65	34.20	0.38	1.12
+农村居民养老金收入	23.48	0.09	0.38	4.99	0.09	1.84	33.93	0.11	0.33
+其他养老收入	23.44	0.05	0.21	4.93	0.03	0.61	33.90	0.08	0.24
+低保金	23.40	0.01	0.04	4.90	0.00	0.00	33.83	0.01	0.03
+社会救济收入	23.44	0.05	0.21	4.91	0.01	0.20	33.90	0.08	0.24
+政策性生活补贴	23.49	0.10	0.43	5.02	0.12	2.45	33.87	0.05	0.15
+医疗报销款	23.76	0.37	1.58	5.07	0.17	3.47	34.41	0.59	1.74
+从政府和社会组织所得实物收入	23.42	0.03	0.13	4.95	0.05	1.02	33.85	0.03	0.09
+各种农业补贴	23.46	0.07	0.30	5.01	0.11	2.24	33.86	0.04	0.12

资料来源：作者根据2018年CHIP数据计算。

在公共转移收入内部，虽然各分项都对提升中等收入比重起到积极作用，但影响程度存在差异。其中，离退休金对中等收入者比重的影响效果最明显，它使全国中等收入者比重上升5.5个百分点，其中对城市和农村的影响差异较大，使农村中等收入者比重仅上升了0.49个百分点，而使城市中等收入者比重上升了10.85个百分点。这可能与我国特殊的城乡二元分割体系密切相关，城镇地区较早地建立了离退休制度且覆盖率比较高，离退休收入是城镇居民重要的收入来源之一；而农村地区的离退休制度尚不够完善，即便有少数农村居民进入离退休制度保障范围，获得的离退休金额也微乎其微。

各项养老金收入，如城镇居民养老金、农村居民养老金、其他养老收入等，对中等收入者比重的影响很小。各项社会救助收入，如低保金、社会救济收入、政策性生活补贴等，对中等收入者比重的影响也不大。这与此类政策的瞄准对象有关，这些社会救助政策主要瞄准贫困、低能或失能的低收入弱势群体，此类政策虽然使低收入群体收入提高，但转移规模明显不够，当然也不可能以社会救助来大规模扩大中等收入群体比重。另外，医疗报销款、从政府和社会组织所得实物和服务收入、各种农业补贴等，对中等收入者比重的影响很微弱，无论城市还是农村都是如此，说明这些政策也不是扩中等收入群体的重要政策方向。

第七章　中等收入者的潜在来源

作为扩大中等收入者规模的重点关注对象，潜在中等收入群体是指收入低于中等收入者下限但接近下限的人群。潜在中等收入群体是精准扩大中等收入群体的目标主体。稳步迈向共同富裕的发展之路，不仅需要就目前中等收入群体进行研究，还需要识别潜在中等收入群体。从扩大中等收入群体的战略目标考虑，有效识别出潜在的中等收入者，并帮助其跨入更高收入群体，是最有效的手段之一。

一、潜在中等收入者规模

据表 3 –5 统计，全国有约 67.5% 人口的收入低于中等收入者下限，属于低收入者。其中，那些收入低于中等收入者下限但接近下限的人群，是未来扩大中等收入者比重需要重点关注的对象，或者说是中等收入者的潜在群体。表 7 –1 显示，收入介于下限标准 90% 与下限标准之间的人群，在低收入人群中所占比重约为 7.0%；收入介于下限标准 80% 与下限标准之间的人群，在低收入人群中所占比重为 15.0%；收入介于下限标准 50% 与下限标准之间的人群，在低收入人群中所占比重为 46.1%。

表 7 –1　　低收入者中的潜在中等收入者比重　　单位:%

	潜在中产定义 1：90%—100% 中产下线标准	潜在中产定义 2：80%—100% 中产下线标准	潜在中产定义 3：50%—100% 中产下线标准
低收入者	93.0	85.0	53.9
潜在中等收入者	7.0	15.0	46.1
总计	100.0	100.0	100.0

资料来源：作者根据 2018 年 CHIP 数据计算。

从全国所有个体来看，如果将收入介于下限的90%与下限之间的人群，视为潜在中等收入者，该群体在全国所占比重约为4.7%（见表7-2）。如果将收入介于下限的80%与下限之间的人群，视为潜在中等收入者，该群体在全国所占比重约为10.1%。如果将收入介于下限的50%与下限之间的人群，视为潜在中等收入者，该群体在全国所占比重约为31.2%。

表7-2　潜在中等收入者规模及所占比重　单位：%

	潜在中产定义1：90%—100%中产下线标准	潜在中产定义2：80%—100%中产下线标准	潜在中产定义3：50%—100%中产下线标准
绝对低收入者	62.9	57.5	36.4
潜在中等收入者	4.7	10.1	31.2
中等收入者	29.5	29.5	29.5
高收入者	2.9	2.9	2.9
总计	100.0	100.0	100.0

资料来源：作者根据2018年CHIP数据计算。

综合我国中等收入者的目标和实际可行性，下面将把收入介于中等收入者下限的80%与下限之间的人群，视为潜在中等收入者，并对这部分群体特征做详细分析。由于2018年该群体在全国所占比重约为10.1%，约有1.4亿人，表明潜在中等收入者规模也十分宏大。在现有近30%的中等收入者比重基础之上，再加上这10%左右的潜在中等收入者，则我国中等收入者有望超过40%。如果进一步深入收入分配改革，及全球经济增长率下行背景下我国的相对增长率更加明显，那么到2035年我国中等收入者比重完全可能达到或超过50%。

二、潜在中等收入者特征

根据户籍和流动状况的不同，一般将潜在中等收入者分为农村居民、城镇居民与农民工这三个子群体。

图7-1显示，潜在中等收入者中，城市居民占到65.9%，农村居民占到20.2%，农民工占到13.9%。也就是说，潜在中等收入者里，绝大部分都是来自于城镇居民，是未来扩大中等收入群体的最主要来源。

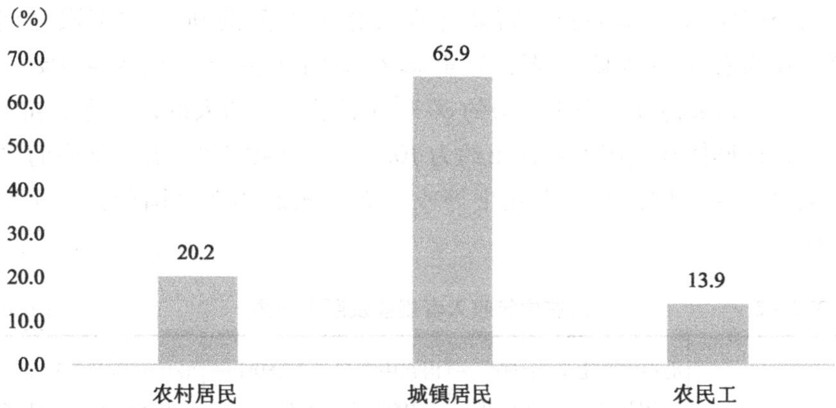

图 7－1　潜在中等收入者的人口结构

资料来源：作者根据 2018 年 CHIP 数据计算。

表 7－3 显示，在潜在中等收入者中，55.3% 以上都拥有高中或职高学历，表明是潜在中等群体的最主要来源，也是未来扩大中等收入群体政策应重点关注的。另外，潜在中等收入者主要在东部地区，平均有 46.2% 来自于东部地区，尤其是农村居民中潜在中等收入者有 55.5% 来自于东部。从这个角度来说，不仅实际中等收入者主要在东部地区，甚至那些潜在中等收入者也主要是在东部地区，而西部地区的潜在中等收入者比重明显偏低。

表 7－3　　潜在中等收入者的受教育程度和地区分布　　单位：%

		农村居民——潜在中等收入者	城市居民——潜在中等收入者	农民工——潜在中等收入者	总体——潜在中等收入者
教育程度	初中及以下	31.3	25.5	32.3	27.6
	高中大专职高	58.1	55.0	52.5	55.3
	大专及以上	10.6	19.5	15.3	17.1
	总计	100.0	100.0	100.0	100.0
地区分布	东部	55.5	42.1	52.2	46.2
	中部	28.0	32.2	20.2	29.7
	西部	16.5	25.7	27.7	24.1
	总计	100.0	100.0	100.0	100.0

资料来源：作者根据 2018 年 CHIP 数据计算。

表 7－4 显示，潜在中等收入者的农民中，有 52.9% 为个体户或工作于私营企业，农民工群体中甚至能高达 72.0%；同时潜在中等收入者中的

城市居民，也有56.4%为个体户或工作于私营企业。由此看出，要提高中等收入者比重，发展民营经济是重中之重。目前，中等收入者内有很高比重是以经营性收入为主，由此反映营商环境改善和政策稳定透明的重要性。

表7－4　潜在中等收入者的单位所有制　单位：%

		农村居民——潜在中等收入者	城市居民——潜在中等收入者	农民工——潜在中等收入者
单位所有制	国有单位	9.1	24.8	8.7
	集体企业	12.7	5.0	3.4
	合资或外商独资	5.7	2.4	6.0
	私营或个体	52.9	56.4	72.0
	其他	19.7	11.4	9.9
	总计	100.0	100.0	100.0

资料来源：作者根据2018年CHIP数据计算。

表7－5显示，即便是潜在中等收入者中的农村居民，也仅有5.9%左右是非技术工人，约52.3%的人员是办事人员和技术工人。这也进一步说明，要想使更多农村居民晋升到中等收入者行列，仅仅发展农业是不够的，还要着力采取措施拓宽农民收入来源渠道，提高非农收入来源。比如，发展非农经济和鼓励外出流动打工等，让更多农民获得非农就业机会。

表7－5　潜在中等收入者的职业结构　单位：%

	农村居民——潜在中等收入者	城市居民——潜在中等收入者	农民工——潜在中等收入者	所有——潜在中等收入者
国家机关、党群组织、企事业单位负责人	1.9	4.3	3.1	3.6
专业技术人员	9.1	14.0	17.0	13.3
办事人员和有关人员	31.9	44.8	45.8	41.9
技术工人	20.4	13.8	14.9	15.5
非技术工人	5.9	2.6	1.0	3.2
其他	30.8	20.5	18.2	22.6
总计	100.0	100.0	100.0	100.0

资料来源：作者根据2018年CHIP数据计算。

图7-2显示，潜在中等收入者中农村居民的储蓄率，比城市居民的储蓄率要高很多。这与我国城乡二元分割体系有关，农民享受不到像城市居民那样的社会保障和基本公共服务，未来生活存在很大的不确定性，所以他们会将更高比例的收入储蓄起来，以备不时之需。他们的工作和收入稳定性低，不确定性更高，由此导致农民对拉动消费做出的贡献就明显偏低。

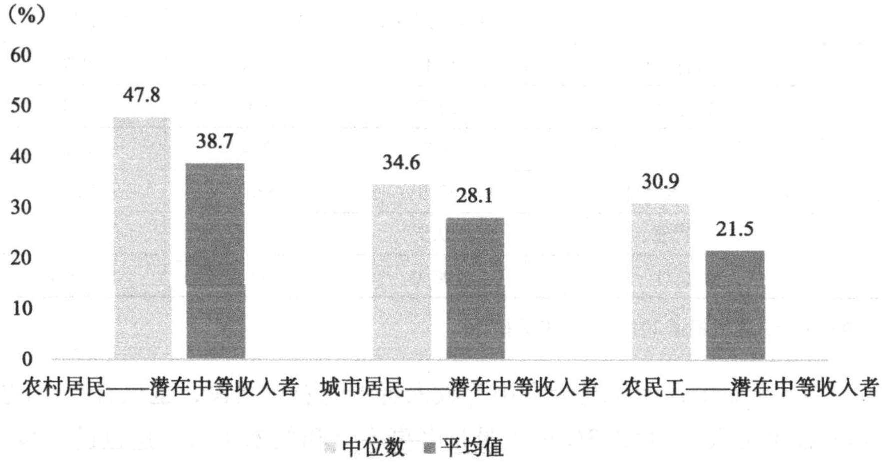

图7-2　潜在中等收入者的储蓄率

资料来源：作者根据2018年CHIP数据计算。

表7-6显示，无论是潜在中等收入者中的农村居民、农民工还是城市居民，工作所在行业排在前三位的都是工业或制造业，建筑业，批发和零售业，居民服务或租赁和商务服务业。这四个行业，对应的大部分都是私营企业或民营经济，而对应国家机关、党政机关等公有经济单位的比例很低。从这个角度来讲，未来要扩大中等收入者人群，使更多潜在中等收入者提升为真正的中等收入者，主要还在于发展民营经济。

表7-6　潜在中等收入者的行业分布　单位:%

	农村居民——潜在中等收入者	城市居民——潜在中等收入者	农民工——潜在中等收入者
农、林、牧、渔、水利	6.7	3.6	1.5
采掘、地质勘探、普查业	0.8	2.0	0.7
工业、制造业	15.9	14.6	20.3
建筑业	13.8	7.2	9.9
批发零售、住宿餐饮	11.8	17.1	21.2

续表

	农村居民——潜在中等收入者	城市居民——潜在中等收入者	农民工——潜在中等收入者
交通运输、邮电通信	6.6	7.1	6.3
金融、保险业	1.3	3.7	2.4
房地产	12.5	3.3	3.3
科学研究和综合技术服务业/信息传输和软件信息	3.9	3.5	4.2
居民服务+租赁和商务服务业+水利环境+公共设施服务管理业	16.9	19.1	22.0
教育、文化艺术、体育娱乐、广播电视业	3.1	5.8	2.8
卫生+社会工作+社会福利业	1.6	3.8	1.7
国家机关、党政机关+公共管理+社会保障+社会团体+社会组织	3.9	7.3	2.7
其他行业	1.4	2.1	1.1
总计	100.0	100.0	100.0

资料来源：作者根据2018年CHIP数据计算。

根据收入来源不同，我们将潜在中等收入者细分为四个子群体。图7-3显示，大约有60.8%左右的潜在中等收入者，他们主要收入来源是工资性收入，是潜在中等收入群体的最主要收入来源，由此说明稳定工资性就业的重要性。同时，以经营性收入为主的潜在中等收入者占比为13.6%，同样说明劳动就业是最根本的收入来源。

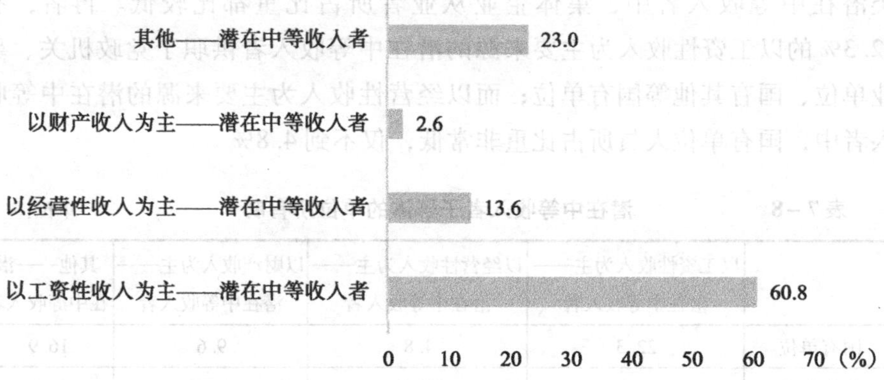

图7-3　潜在中等收入者的收入来源结构

资料来源：作者根据2018年CHIP数据计算。

表7－7显示，以工资性收入为主要收入来源的潜在中等收入者的受教育程度，整体上高于以经营性收入为主要来源的潜在中等收入者。比如，约20.7%的以工资性收入为主要来源的潜在中等收入者，拥有大专及以上学历，而这一比重在经营性收入为主的潜在中等收入者群体中仅为9.6%，在以财产性收入为主要来源的潜在中等收入者中，这一比重也仅为13.9%。

表7－7　潜在中等收入者的受教育程度　单位：%

	以工资性收入为主——潜在中等收入者	以经营性收入为主——潜在中等收入者	以财产收入为主——潜在中等收入者	其他——中等收入者
初中及以下	26.3	30.6	28.6	29.7
高中大专职高	53.0	59.8	57.5	59.0
大专及以上	20.7	9.6	13.9	11.3
总计	100.0	100.0	100.0	100.0

资料来源：作者根据2018年CHIP数据计算。

无论是以工资性收入为主，还是以经营性收入、财产收入为主的潜在中等收入者，大多数都为个体经营者或者工作于私营企业，这些人在三类潜在中等收入者中所占的比重依次为48.8%、40.2%、41.9%（见表7－8）。从这个角度看，大多数潜在中等收入者主要工作于私有部门，仅有很少数工作于公有部门，从事农业生产的也非常少，所以要想提高潜在中等收入者的收入，使他们晋升为真正的中等收入者，要大力发展民营经济、私营企业，仅依靠发展农业、依靠发展国有大型企业是不够的。另外，在这三类潜在中等收入者中，集体企业从业者所占比重都比较低。再者，有22.3%的以工资性收入为主要来源的潜在中等收入者供职于党政机关、事业单位、国有其他等国有单位；而以经营性收入为主要来源的潜在中等收入者中，国有单位人员所占比重非常低，仅不到4.8%。

表7－8　潜在中等收入者子群体的单位所有制　单位：%

	以工资性收入为主——潜在中等收入者	以经营性收入为主——潜在中等收入者	以财产收入为主——潜在中等收入者	其他——潜在中等收入者
国有单位	22.3	4.8	9.6	16.9
集体企业	4.6	14.7	11.7	7.4
合资或外商独资	12.6	24.0	7.6	16.5
私营或个体	48.8	40.2	41.9	43.7

续表

	以工资性收入为主——潜在中等收入者	以经营性收入为主——潜在中等收入者	以财产收入为主——潜在中等收入者	其他——潜在中等收入者
其他	11.7	16.4	29.3	15.5
总计	100.0	100.0	100.0	100.0

资料来源：作者根据2018年CHIP数据计算。

表7-9显示，在以工资性收入、经营性收入为主的潜在中等收入者中，其消费结构中食物支出比重约为30%，即恩格尔系数约为0.30。以财产收入为主的潜在中等收入者消费结构中食物支出比重约为22.8%，恩格尔系数为0.228，明显低于其他两个群体。通常来看，财产性收入占比越高的群体，其收入水平及收入来源稳定性越高，而且有较多潜在的不劳而获收益，因此他们的消费倾向更高，消费结构也更倾向于发展型消费，如该群体对应的教育、医疗支出份额在22.9%左右，明显高于其他群体。

表7-9　潜在中等收入者子群体的消费结构　单位:%

	以工资性收入为主——潜在中等收入者	以经营性收入为主——潜在中等收入者	以财产收入为主——潜在中等收入者	其他——潜在中等收入者
食物	30.0	29.9	22.8	31.8
衣着	7.5	6.8	3.8	5.9
居住	21.5	21.1	32.5	23.5
生活	6.3	5.7	4.6	5.9
交通	15.1	17.1	12.0	10.1
教育	10.9	12.3	14.1	7.7
医疗	6.4	5.2	8.8	13.0
其他	2.2	2.0	1.3	2.0
总计	100.0	100.0	100.0	100.0

资料来源：作者根据2018年CHIP数据计算。

三、扩大中等收入者群体的方向重点

按照本书给出的中等收入者定义，我们发现在全国范围内约有67.5%的人口属于低收入者，其中收入低于中等收入者的下限但接近下限的人群，是中等收入者的潜在群体，也是下一步扩大中等收入者比重需要重点关注的对象。综合我国扩大中等收入者群体的目标和实际可行性，我们将收入介于下限的80%与下限之间的人群视为潜在中等收入者。数据结果显示，该群体在我国约有1.4亿人，说明未来还有很大的中等收入者扩容空间。在全球经济增长率放缓的背景下，我国经济增长优势突显，再加上党的十九大以来收入分配政策改革的深入，到2035年我国中等收入者比重完全可能达到或超过50%。

我国潜在中等收入者约一半分布于东部地区，整体受教育水平很低，一半以上都为初中及以下学历。职业主要是商业服务业人员和生产设备运输操作人员，主要集中于制造业、批发和零售业、建筑业、居民服务修理等服务业，且主要为个体经营者和工作于私营企业。从这个角度看，大多数潜在中等收入者主要就职于私有部门，仅有少数就职于公有部门，从事农业生产的也非常少，所以未来要扩大中等收入者群体，需要大力发展民营经济或私营企业，仅依靠发展农业或发展国有大型企业是不够的。

在潜在中等收入者里，城市居民占到65.9%，农村居民占到20.2%，农民工占到13.9%，表明城镇仍然是扩大中等收入群体的主要来源。潜在中等收入者的受教育程度主要为高中学历，也更加集中于东部地区，更多是个体经营者或工作于私营企业，职业为商业服务业人员和生产运输设备操作人员的比例也更高。即便是潜在中等收入者中的农村居民，仅有6.7%从事农林牧渔生产。这也说明，要想使更多的农民晋升到中等收入者行列，还要着力采取措施拓宽农民收入来源渠道，增加非农收入来源。潜在中等收入者中的农村居民储蓄率，比潜在中等收入者的城市储蓄率还要高。这与我国城乡二元分割体系有关，由于我国农村居民和农民工享受不到像城市居民那样的社会保障和基本公共服务，所以将更高比例的收入储蓄起来。

根据收入来源划分，大部分潜在中等收入者的主要收入来源是工资性收入，他们主要供职于私营企业，或是从事商业和服务业的个体经营者。以经营性收入为主的潜在中等收入者储蓄率，明显高于其他潜在中等收入者的储蓄率。这也反映出，以经营性收入为主要收入来源的潜在中等收入者，他们营商环境的不确定性较大，就业和收入不稳定，难以享受像城镇职工那样的社会保障和基本公共服务，所以为应对未来不确定性，他们会将较大部分收入储蓄起来，未雨绸缪。

第八章　中等收入者的收入流动性

过去几十年，我国居民的机会公平性有所下降，社会阶层的流动性也在减少。如果收入流动性出现固化，社会上下流动机制被终结，则会引起社会低收入群体的不公平感、不安全感等。当这种感受积累到一定程度，就成为社会不稳定的潜在来源，因此从中等收入者群体出发，关注居民向上和向下的流动性问题非常重要。

要分析中等收入者向上和向下的流动性问题，最好能在不同时期内追踪到同一个体在不同年份的数据，这就要求我们最好获得较长时间的面板数据。目前国内没有长时期、高质量的微观面板数据，一些在短期内的追踪数据要么难以观察到长期的收入流动，要么就不具备详细的收入变量信息。在这种情况下，我们采取两种方法进行研究：一是使用目前仅有的中国家庭追踪调查数据（CFPS），去分析较短时期的收入流动性问题；二是利用CHIP混合截面数据去构造分组面板数据，从而分析中等收入者较长时期的收入流动性问题。

一、居民人均收入变化

中国家庭追踪调查（CFPS）是一项全国性、综合性的社会调查项目，旨在通过跟踪收集个体、家庭、社区三个层次的数据。2010年CFPS在全国25个省、自治区、直辖市正式实施基线调查，样本覆盖中国25个省、自治区、直辖市的人口，约占全国总人口的95%。因而CFPS样本的全国代表性较好，此后他们每两年开展一次全国范围内的追踪调查，由此可以用来分析居民家庭的收入流动性问题。

我们根据2010—2018年CFPS数据，描绘家庭人均收入对数的概率密度图①。如图8-1左图所示，2010—2018年居民收入水平整体呈现上升态势，但是收入分布远非正态分布，具有明显的右偏和厚尾现象。从图8-1右图看出中等收入家庭人均收入逐年增加，但中等收入家庭收入水平整体偏左，图像右尾部比较平坦，说明中等收入者人均收入偏低的家庭仍占据多数，整体集聚在中等收入标准的下限附近。

依城乡划分，2010—2018年农村家庭人均收入水平上涨幅度更大，农村居民基尼系数先从2010年的0.44上升到2018年的0.48；城镇居民基尼系数由2010年的0.45上升到2018年的0.51，说明2010—2018年城乡内部收入差距扩大。通过动态分析2010—2018年家庭人均收入分布变化，发现居民家庭人均收入整体上涨，但水平仍然较低，主要分布在中低收入组，且中等收入群体的平均收入偏低，接近中等收入标准线的下限。

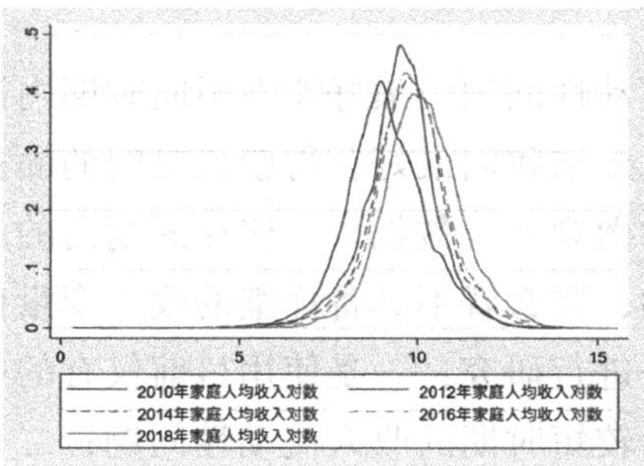

（左）

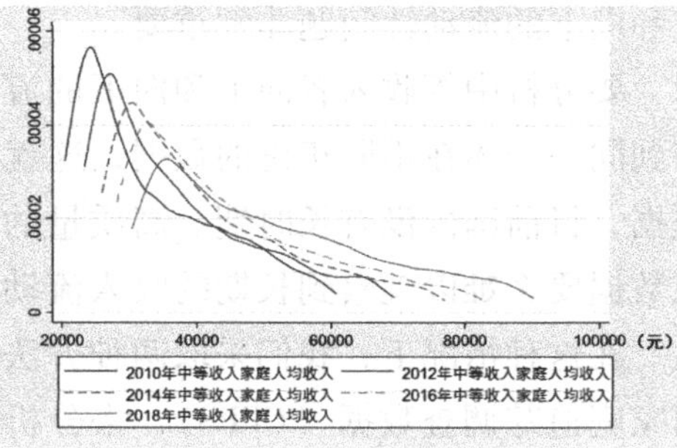

（右）

图8-1　中等收入家庭的收入分布

注：横坐标单位是元，纵坐标单位是核密度。

二、中等收入者的流动性

为进一步研究我国居民在收入分配中的流动性，即各收入阶层在收入

① 根据李实等（2017）对收入的定义以及自有住房估算租金方法，重新估算家庭可支配收入。家庭可支配收入由五大部分构成——工资性收入、经营性净收入（农业经营净收入和非农经营净收入）、财产性收入、转移性净收入和自有住房估算租金。我们采用收益率法对自有住房估算租金进行估计，即自有住房估算价值乘以无风险资产长期收益率。这里使用30年国债利率，2009年利率为4.02%，2011年利率为4.31%，2013年30年国债发行了两期，分别于当年9月和12月发行，发行量分别为260亿元和240亿元，利率分别为4.76%和5.05%，两者的加权平均为4.8992%。2015年利率为3.74%，2017年利率为4.05%。由于极端值对收入分组影响较大，这里的样本仅是家庭人均收入在5%—95%分位数的个体。

分布中的动态变迁过程，我们通过 CFPS 2010—2018 年追踪调查样本[①]，考察 2010—2018 年居民收入阶层的迁移变化。按照本书的中等收入者划分标准，将样本划分为低收入、中等收入和高收入者。我们分别从短期和长期两个视角来分析流动性问题，以两年为窗口来分析短期内各收入阶层变化的情况。

如表 8 – 1 所示，低收入者阶层不断向上一阶层迁移，但在每两年观察中上升迁移比例较低，仍有 85% 以上维持低收入者阶层，短期内低收入者固化现象严重；中等收入者阶层短期流动性较强，其表现为每个观察期仅有 50% 左右维持原有阶层，向高收入者阶层迁移阻力较大，更多地向低收入者阶层迁移。结合图 8 – 1 右，说明中等收入者大多集中在中等收入下限附近，群体脆弱性较高，不能够稳定维持原有阶层，向下迁移风险较大；高收入者阶层表现出具有较强向下迁移倾向，且迁移幅度较大，每个窗口期者附近 40% 的高收入者向下迁移。

表 8 – 1　　居民收入流动矩阵——高、中、低收入　　单位：%

面板数据	低收入			中等收入			高收入		
	低收入	中等	高收入	低收入	中等	高收入	低收入	中等	高收入
2010—2012 年	92.3	7.2	0.5	48.3	46.9	4.8	33.3	40.5	26.2
2012—2014 年	91.9	7.5	0.6	51.0	45.0	4.0	36.8	38.9	24.3
2014—2016 年	90.0	8.9	1.1	38.6	54.3	7.1	28.8	45.7	25.5
2016—2018 年	87.1	11.9	1.0	31.5	59.8	8.8	32.1	30.9	37.0
2010—2018 年	81.5	16.8	1.7	24.4	58.8	16.8	23.3	39.1	37.6

资料来源：作者根据 CFPS 数据计算。

在 2010—2018 年的追踪样本中，低收入者内有 81.5% 的个体在 8 年内维持其收入等级，只有 1.7% 的低收入者经过 8 年努力转变为高收入者。超过一半的中等收入者在 8 年时间内维持中等收入状态，近 24.4% 的中等收入者等级下降，16.8% 的中等收入者能够进入高收入者阶层。2010—2018 年有 37.6% 左右的高收入者维持在高收入阶层，近 60% 的高收入者的收入等级下降。总的看来，中高收入者的流动性较强，低收入者跨阶层转移的概率较低，底层收入者固化现象较为严重，超过 80% 的人群维持在

① 2010—2012 年追踪调查样本量为 49491 个；2012—2014 年追踪调查样本量为 48395 个；2014—2016 年追踪调查样本量为 40696 个；2010—2016 年追踪调查样本量为 38090 个。

低收入者阶层；中等收入者中超过一半的人群维持在原阶层，而近25%比例的中等收入者陷入低收入困境。

从表8－1来看，收入阶层两端维持在原阶层的比重较高，而中间收入组的流动性最强，这说明家庭收入地位变化幅度较小，在较长时期内难以实现各收入阶层之间的跨越式变动，收入底层出现一定程度的固化趋势。同时，这也说明收入流动的固化现象不仅表现在低收入者中，中高收入者的固化现象也明显，短期内难以实现各阶层之间跨越式变动。尤其是居民向下迁移的概率偏高、向上迁移的概率过低，导致中等收入者位置不稳定，低收入者难以进入中等收入者群体或更高的等级。同时，由低到中、由中到低的流动比率都很大，说明中等收入者的流动性或不确定性较强。

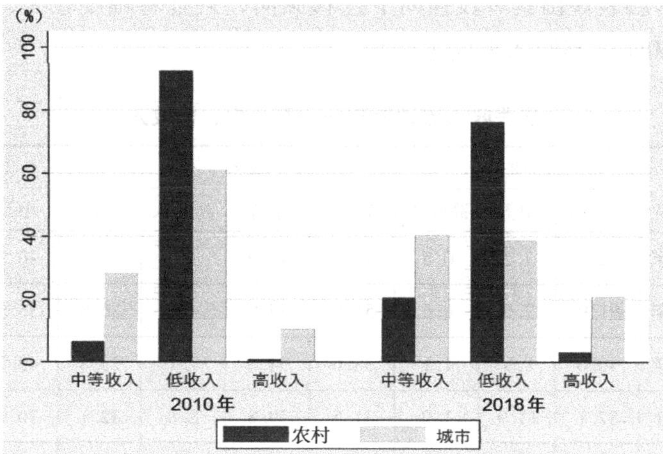

图8－2　城乡中等收入者比重变化

资料来源：作者根据CFPS数据计算。

由于城乡差异较大，为更细致观察城乡居民收入变化情况，下面分别统计城市和农村各收入群体比重，比较跨期流动性及其差异。如图8－2所示，居民收入整体明显增长，城乡低收入者家庭从原有收入阶层向上流动，中等收入组家庭比重有大幅度提高，但农村居民仍有75%处于低收入者阶层，农村底层家庭固化现象明显。农村中低收入者迁移表现为低收入向中等收入者转移，而中等收入者向高收入者阶层转移概率很低，农村中等收入者难以进入高收入者。同时值得注意的是，城市居民高收入者比例明显上升，而农村高收入者阶层比例变化很小。

三、中等收入群体下移的典型特征

接下来分析不同产业的中产群体流动性。如表 8－2 所示，相对于二、三产业，第一产业的低收入者比重最高，达到 94.5%。随着我国经济高速发展，2010—2018 年各产业低收入者比重不断下降，中等收入者的比重不断提高，不过到 2018 年第一产业仍有接近 80% 的比重处于低收入者阶层。中等收入群体比重较其他产业也明显更低。根据产业划分发现，各产业的收入流动性存在差异，但普遍偏低。第一产业大都为低收入者，第三产业的中高收入者比重明显高于其他产业。

表 8－2　各产业居民收入分布情况　单位：%

	2010 年			2018 年		
	第一产业	第二产业	第三产业	第一产业	第二产业	第三产业
低收入	94.5	66.4	54.8	79.5	43.7	35.7
中等收入	5.1	25.7	32.5	17.6	42.9	43.2
高收入	0.4	7.9	12.7	2.9	13.4	21.0
总计	100.0	100.0	100.0	100.0	100.0	100.0

资料来源：作者根据 CFPS 数据计算。

下面进一步细分，将第二产业单独观察制造业和建筑业，第三产业划分为低端服务业和高端服务业①。由表 8－3 可以发现，制造业的中等收入者比重高于建筑业，高端服务业的中、高收入者比重明显大于低端服务业。再来看不同产业居民收入的跨期流动性。2010 年制造业、建筑业和低高端服务业平均超 66% 比重处于低收入者阶层，到 2018 年各行业呈现向中高收入者流动的趋势，制造业、建筑业和低端服务业仍有超过 40% 比重处于低收入者阶层。高端服务业包含计算机软件和金融业等高利润行业，其向上趋势最为明显，高收入者的比重也明显更大。

① 低端服务业包括交通运输、仓储和邮政业，批发和零售业，住宿和餐饮业，居民服务和其他服务业；高端服务业包括信息传播、计算机服务和软件业，金融业，房地产业，租赁和商务服务业，科学研究、技术服务和地质勘查业，水利、环境和公共设施管理业，教育，卫生、社会保障和社会福利，文化、体育和娱乐业，公共管理和社会组织以及其他行业。

表 8－3　　　　　　细分产业居民收入分布情况　　　　　　单位:%

	2010 年				2018 年			
	制造业	建筑业	低端服务业	高端服务业	制造业	建筑业	低端服务业	高端服务业
低收入	64.4	73.5	60.6	47.6	40.4	51.1	42.2	27.3
中等收入	27.4	19.5	29.0	36.9	44.4	39.7	41.8	45.1
高收入	8.2	6.9	10.4	15.5	15.2	9.3	16.0	27.6
总计	100.0	100.0	100.0	100.0	100.0	100.0	100.0	100.0

资料来源：作者根据 CFPS 数据计算。

如图 8－3 所示，东部地区主要是沿海发达省份，高收入者和中等收入者阶层比例最高。东部城市吸引了高技能、高学历人才就业，东部地区的整体收入要高于其他地区，而中西部地区经济发展相对落后，低收入者比例较高。从 2010 年到 2018 年，东、中、西部居民收入明显增加，低收入者向中等收入者迁移，但仍有较大比例的居民处于低收入者阶层，尤其是在西部地区将近 70% 居民仍处于低收入者阶层。中部的中等收入者流动性较强，但向上迁移的概率偏低。西部地区中等收入者的比重没有太大变化，这是由于西部地区收入水平偏低，拥有高技能的劳动力大多向东部地区转移，东部地区中等收入者向上迁移概率较大，相当一部分中等收入者家庭迈入高收入者阶层。

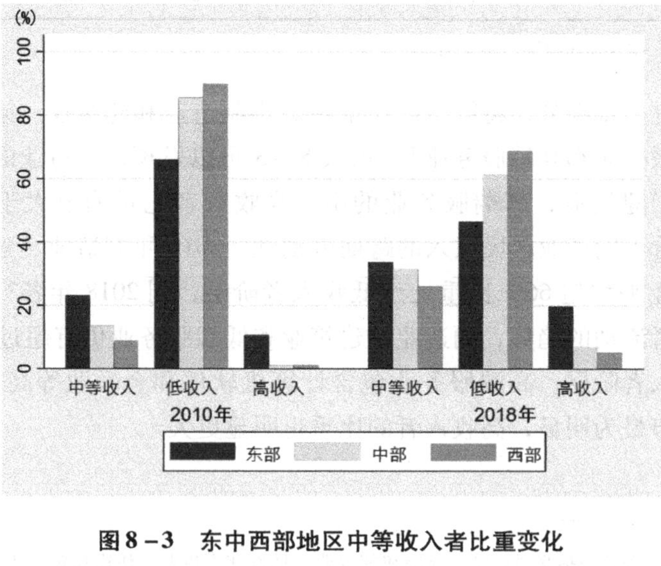

图 8－3　东中西部地区中等收入者比重变化

资料来源：作者根据 CFPS 数据计算。

四、流动性变化分解

从上面结果看，我国居民收入流动呈现向下迁移概率偏高、向上迁移概率过低的现象，而且中等收入者的流动性较强。尤其是随时间推移，低收入者跨阶层转移的概率非常低，中、高收入者维持在原阶层的比重也持续大。由此可见，收入流动的固化现象不仅表现在低收入者中，也表现在高收入者群体。整体上看，低收入者难以进入中等收入者群体，低收入者的收入固化现象有所抬头。

下面采用相对分布方法，继续研究中等收入者的流动性问题。根据 Handcock 和 Morris（2006）的研究，结合两年的收入分布曲线，通过收入平移的方式使两者收入区间一致，并将两年收入分布按参照组收入排序，由此可以分析后一年收入在前一年收入分位的相对密度情况。在前一年任何一个收入分组处，观测其后一年人口比例的变化情况。由于后一年的收入可能具有整体上平均增长或减少的平移效果，为消除这种平衡增长带来的影响，就需要进行“增长效应”和“结构效应”分解。先扣除收入平衡增长导致的分布曲线平移，在两者中位数保持相同的情况下，观测收入结构变动导致的分布形状变化。本意要比较中等收入者的流动性状况，只需要直接观察“结构效应”曲线的相对变化情况即可。以前一年收入区间的人群数量比例为标准，当出现低收入和高收入区间的相对密度大于 1，而中等收入区间的相对密度小于 1 时，就表明后一年的人群分布相比于前一年更多集中在高、低收入，而中等收入组中空；相反，若出现高低收入区间人群比例下降，而中等收入区间人群比例增加，则说明流动性改善使得中等收入者规模扩大①。

观察图 8－4 中 2013—2018 年结构效应曲线，发现以 2013 年为基准组，2018 年 30—70 收入分位区间（对应横坐标为 0.3—0.7 处，下同）的相对密度大于 1，说明若不考虑增长效应，将 2018 年的整个收入分布都减去一个相等的数额后（2018 年和 2013 年的中位数之差），则收入分布落在

① 具体方法可参见：Clementi, F., Dabalen, A. L., Molini, V., and Schettino, F., 2017, “When the Centre Cannot Hold: Patterns of Polarization in Nigeria”, Review of Income and Wealth, Vol. 63 (4), pp. 608－632. Handcock, M. S., and Martina Morris., 2006, “Relative Distribution Methods in the Social Sciences”. New York: Springer－Verlag Inc. 具体内容参见：万海远、陈基平：“我国收入分配极化的最新变动与成因”，北师大工作论文，2020 年 3 月。

2013 年 30—70 分位区间的人口比例将会有明显上升。同时，在 10—30 分位低收入区间的相对密度显著小于 1，说明中低收入的人口比例在明显缩小，即中低收入群体的收入增幅高于平均，使越来越多的低收入者跨入成为中等收入者。在此期间，由于较低收入组增长较快，较高收入组增长相对缓慢，当都减去一个平均增幅后，就会发现整个收入分布的变动出现高、低收入者比重下降、且中间收入者比重增加的现象。

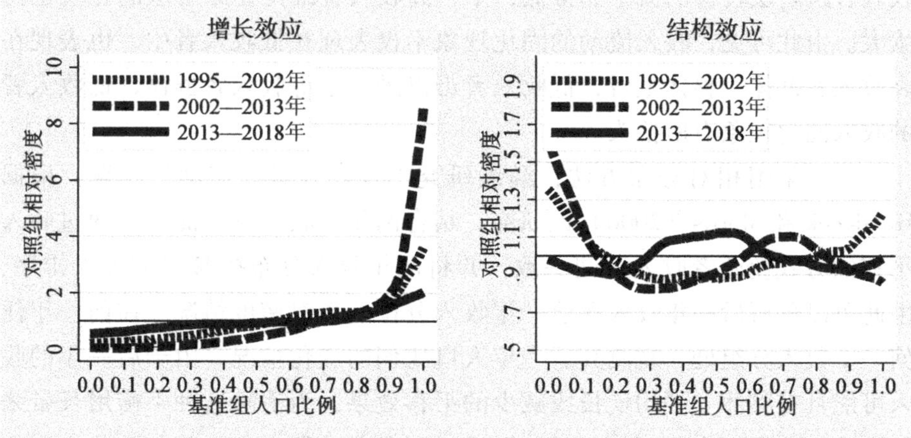

图 8－4　居民收入相对分布变化

注：我们也估计了 95% 置信区间的上界和下界，发现结果非常稳健。

资料来源：作者根据 CHIP 数据计算。

综合图 8－4 来看，1995—2002 年低收入和高收入者比例同时增加，2002—2013 年最低收入者比例大幅提升，而 2013—2018 年中等收入者比例则显著扩大，并成为这一时期分配结构变动的主要特征。尤其是 2013—2018 年，中低和中高收入者比例明显降低，中等收入组的人口比例显著提升，由此形成了一个中间凸起的橄榄形收入变化。进一步看，2013—2018 年期间，流动性结构的最大变化来自于 30—70 分位这个中等收入人群，由于中低 10—30 分位相对收入的增速加快，且中高 70—90 分位的收入增速相对减缓（例外的是最高 10 分位），最终 30—70 分位收入人群的比例显著扩大，并产生了大量中等收入者群体。

未来要调整居民收入分配结构，关键是要实现低收入者向中等收入者转变，在减少中等收入者向更低收入等级下降的同时，要想办法促进低收入者向更高收入等级转移，由此真正迈向良性的橄榄形社会分配结构。扩大中等收入群体比重是促进共同富裕的关键，那些收入低于但接近中等收入群体下限的人群，是下一步扩大中等收入群体的重点，此外还要防范现有中等收入者降为低收入群体。图 8 – 4 显示，在中等收入群体尾部附近分布着大量的收入不稳定群体，他们面对外部冲击容易掉入低收入者阶层。从这个角度来讲，需要进一步拓宽居民收入渠道，优化居民收入结构，从而持续提高城乡居民收入。

第九章 中等收入者的消费需求

一般认为，中等收入者释放出来的消费需求，是拉动经济增长的重要力量，有利于使中国经济更多地依靠内需。在逆全球化抬头的背景下，国内消费市场的持续扩大，有利于增强中国经济抵御外部风险冲击的能力，增强经济增长的韧性。中等收入者的稳固与扩大，会带来住房、汽车、旅游、教育、耐用消费品和新兴服务业的旺盛需求。这在激励社会消费、促进消费升级的同时，会创造规模巨大的市场购买力，使得消费成为经济增长的重要拉动力。根据国家统计局五等分组数据，我国中等收入者的消费倾向比低收入者和高收入者都要高。[①] 由此可见，扩大中等收入者比重对于拉动需求具有重要作用。

然而我国社会保障制度还不健全，加上高房价、高物价和高意外支出等因素，使得我国中等收入者普遍具有脆弱感和焦虑感，中等收入者的相当一部分收入被用于预防性储蓄，真正用于消费的比例并不高。此外，中等收入者的消费倾向仅略高于平均水平，与其他国家相比也明显偏低。综合来看，我国橄榄形收入分配格局尚未形成，在中间小、两头大的分配结构下，中等收入者的消费拉动作用并没有充分体现，这明显不利于扩大内需特别是消费需求，新的需求增长动力亟待形成。

通过中等收入群体的消费贡献来带动内需并驱动经济增长，是扩大中等收入者比重的目的之一。因此，比较中等收入群体的边际消费倾向、消费意愿和消费能力，是本章的核心内容。同时，还要分析中等收入群体的消费结构，以分析产业供给侧在满足中等收入群体消费意愿的能力方面还存在哪些问题。另外，宏观上还要估计中等收入群体的消费增长潜力，从而对改善我国产业结构提出建议。

① 2011 年，全国城镇居民家庭现金消费支出倾向为 69.5%，较高收入户消费支出倾向为 67.2%，最高收入户消费支出倾向为 59.8%，而同年中等收入者的消费倾向最高，为 71.8%（苗树彬和方栓喜，2013）。

一、各收入阶层消费情况

表9－1是基于家户层面计算的各收入组消费结构。发现中等收入者的食物支出比重低于低收入者，随着收入的上升，恩格尔系数在持续下降。我国中等收入者日常消费，仍以满足衣食住行等较低层次基本需求的生存资料消费为主，份额占到80%左右。排在前三位的依次是食物支出（27.3%）、居住支出（23.7%）和交通支出（14.0%）。而发展性消费支出所占比重较低，比如教育支出仅占10.9%、医疗支出仅占7.5%。这也说明我国中等收入者的消费级别、消费品质偏低，与发达国家相比还存在差距。这也与近些年物价房价上涨等导致人们生活成本和居住成本提高有一定关系，同时也是我国中等收入者存在消费降级风险的一个原因。反过来看，此类消费也是未来具有较大增长空间的消费类型，有各种预测认为，医疗、教育、文化、娱乐、养老、旅游等在内的服务性消费，都可能在2025年前进入快速成长期（刘世锦，2019）。

我们由表9－1还发现，随着收入水平的提升，各收入群体的消费结构也存在明显差异。如随收入提升，各收入群体住房支出比重持续增加，食品等生存型支出的比重不断下降，用于家庭设备、衣着鞋帽、日用品等日常支出的比重不断增加。消费结构升级不仅会催生新供给、新产业、新业态，还将带来教育、娱乐、医疗保健等服务行业用工需求，这些都为持续稳定扩大中等收入者比重创造空间。不过，由于供给体系没能及时跟上中等收入群体迅速扩大而变化的消费结构，难以满足中等收入群体多样化、个性化、高端化的消费需求，中低端产品过剩与中高端产品供应不足矛盾突出。从这个角度看，研究中等收入群体的消费特征和消费结构，并有针对性地对供给侧进行结构性改革就尤为重要。

表9－1　　各收入组人群的消费结构　　单位：%

	低收入者	中等收入者	高收入者	所有群体
食物	30.4	27.3	21.1	28.1
衣着	6.2	7.2	6.7	6.7
居住	21.9	23.7	25.9	23.1
生活	5.9	6.7	7.1	6.4

续表

	低收入者	中等收入者	高收入者	所有群体
交通	13.0	14.0	17.7	13.9
教育	11.7	10.9	11.2	11.3
医疗	9.1	7.5	6.6	8.1
其他	1.9	2.7	3.8	2.4
总体	100.0	100.0	100.0	100.0

资料来源：作者根据2018年CHIP数据计算。

从图9－1可以发现，在1995—2018年，在所有收入分位水平上的不同家庭都经历了稳定的消费增长，体现了经济社会的共享性发展过程。在1995—2002年间，收入水平越高的家庭，其消费增长率就越低，相反，低收入家庭的消费增长率明显更高。在2002—2013年，这种增长趋势仍然存在，但是不同收入分位的家庭消费增长率差异明显变小。而在2013—2018年间，不同收入分位家庭的消费增长率发生了倒转，出现收入水平越高，则其家庭消费增长率就越高，由此会带来居民消费差距水平的进一步扩大。尤其是在低收入群体，近年来的消费增长率显著下滑，在收入水平无法保证的情况下，低收入居民的消费能力也就相对降低。

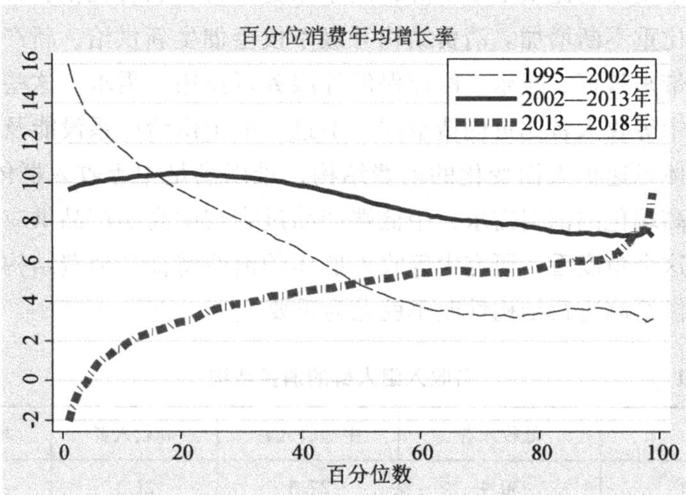

图9－1　不同收入水平家庭的消费增长率

资料来源：作者根据历年CHIP数据计算。

二、不同消费率情况

表9－2计算了不同年份的居民消费率，也即平均消费倾向。从表中可以看出，1995年我国居民消费率在四个年份中最高，达到了1.05，随着收入水平的逐渐提高，消费率在持续下降。对于高收入者来说，2018年的消费率水平仅为0.49。对于中等收入者来说，2018年的消费率也不是很高，仅为0.61左右。当前我国居民消费不振，教育、医疗和养老等高昂的生活成本，侵蚀了中等收入者的生活水平，制约了工薪阶层积累财富的能力，使得中等收入者的消费作用并没有充分发挥出来。

表9－2　　全国不同年份的居民消费率

	低收入者	中等收入者	高收入者
1995年	1.05	0.69	0.50
2002年	0.90	0.69	0.48
2013年	0.89	0.61	0.45
2018年	0.69	0.61	0.49

资料来源：作者根据2018年CHIP数据计算。

由于高收入者的比重很小，消费的绝对数量不是很大，而低收入者阶层的消费能力有限，因此市场消费的主体应该是中等收入者。但与其他国家相比，我国中等收入群体的边际消费倾向较低，内部也与其他收入群体接近。我国中等收入者对美好生活的获得感并不强，使得本来占比就并不太多的中等收入者，更没有发挥出他们应有的消费拉动作用。因此，迫切需要在教育、医疗和养老等方面的政策改革，要在住房保障、养老保障、医疗保障方面花较大力气完善相关制度，从而支持中等收入者减负，促进消费率提升。

反过来，我们也可以从储蓄率层面来分析不同收入者阶层的消费情况。从图9－2结果来看，随着时间的不断推移，总体上居民储蓄率在不断上升，侧面反映居民平均消费率的下降趋势。一方面在于国内消费环境构建不完善，在医疗、住房、教育、养老等高额的必要支出压力下，使得居民在消费时存在顾虑，居民预防性储蓄大幅增加，消费相应减少。进一步从不同收入分位看，在40分位以上（横坐标为4以上）的中高收入群体中，过去几十年的储蓄率在不断上升，而对于40分位以下的中低收入者，过去的储蓄率在不断下降，这说明低收入群体的消费潜力被挖掘，但是他们的消费能力却没有跟上。

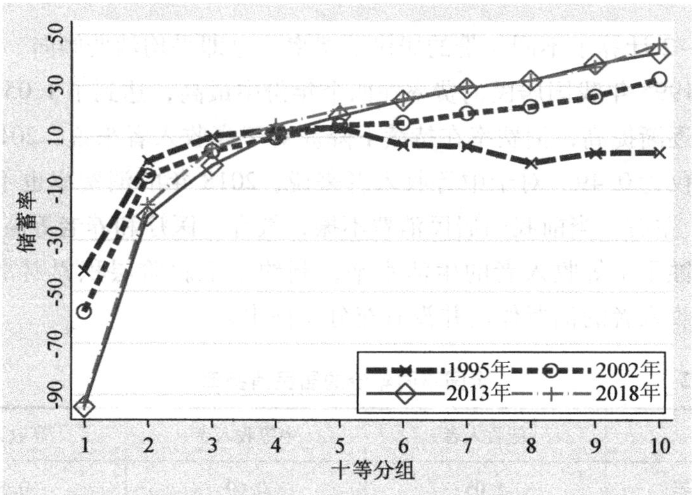

图9－2　不同收入阶层的家庭储蓄率水平

资料来源：作者根据2018年CHIP数据计算。

根据国家统计局五等分组数据，中等收入者的消费倾向不仅大于低收入者，也大于高收入者。由于高收入者的人群比重很小，消费的绝对数量不是很大，而低收入者阶层的消费能力有限，因此市场消费的主体是中等收入者。因此扩大中等收入者比重，有利于扩大整体消费水平；同时增强中等收入者主观认同感，可以有效促进市场开拓，并带动消费需求扩大。从区域协调发展的角度来说，提升中等收入者比重有助于确保国民经济协调发展，缩小城乡之间、地区之间发展差距。此外，“双循环”新发展格局要求打通生产、分配、流通、消费四个环节，这就对改善分配和促进消费做出要求，而扩大中等收入群体无疑可以同时满足这两个要求。当前我国中等收入群体比重偏低，进一步扩大中等收入者比重不仅是迈向高收入国家的关键，而且是构建“双循环”新发展格局的重要支撑。

三、不同群体的消费结构

表9－3给出了各产业群体的消费情况。可以发现，第一产业低收入者

的人均消费占其收入比重最高，可能与其很低的收入水平有关，从而导致消费率高于1的情况。随着收入水平的提升，各个产业群体的消费率都显著下滑。整体上看居民消费还是以基本型消费为主，使得收入水平上升后，也带动消费率的持续下降。

表9－3　　　　各产业群体的消费率情况

	低收入者	中等收入者	高收入者
第一产业	1.14	0.55	0.29
制造业	0.95	0.61	0.53
建筑业	1.03	0.61	0.46
低端服务业	1.05	0.64	0.56
高端服务业	1.03	0.63	0.48

资料来源：作者根据CHIP 2018年数据计算。

扩大中等收入群体可以提升居民消费水平，尤其是对于原本低收入群体来说，在其进入到中等收入群体之后，其收入水平和消费意愿都得到大幅提升。因此，促进低收入者进入中等收入群体，可以使得全社会整体消费意愿增强，对于形成更大规模更加稳定的国内消费市场具有重要战略意义。实际上，随着收入水平的进一步稳固和消费群体的进一步扩容，中等收入群体将成为消费结构升级的主力军，是扩大内需的最重要动力之一。

表9－4显示，中等收入者中的农村居民、农民工、城市居民的消费结构差别不大，都以食物、居住、交通支出等满足人们最基本生活需求的消费支出为主。食物消费的比重仍然较高，农民中等收入者有29.7%用于基本食物支出，农民工和城市中等收入群体的食物支出比重也较高，而教育、医疗这些满足人们发展需求的消费所占比重都不到12%，这再一次说明城乡居民消费水平整体偏低，消费结构亟待升级。中等收入者对未来的焦虑感增强，使得他们的预防性储蓄增加，导致他们消费意愿和消费结构都比较低。要想促进农民中等收入者消费，提高他们的消费意愿和动机，就必须让他们能享受到像城镇职工一样的福利待遇和保障水平。

表9－4　　　　不同户籍中等收入者的消费结构　　　　单位:%

	农村居民——中等收入者	城市居民——中等收入者	农民工——中等收入者
食物	29.7	27.5	27.7
衣着	5.3	7.1	7.2

续表

	农村居民——中等收入者	城市居民——中等收入者	农民工——中等收入者
居住	21.3	23.8	22.6
生活	6.1	6.5	6.2
交通	14.1	13.2	17.1
教育	10.9	11.5	11.0
医疗	10.8	7.7	5.6
其他	1.7	2.7	2.6
总计	100.0	100.0	100.0

资料来源：作者根据2018年CHIP数据计算。

近年来，各群体家庭日常开支和住房支出的比重在上涨，对于中等收入者来说，交通通信和文化娱乐支出比重一直较高；食品支出的比重大幅下降；制造业和低端服务业食品支出比重有所下降；高端服务业食品支出比重小幅上涨。根据刘世锦（2019）的研究，过去容易把服务业发展与制造业对立起来，其实服务业中间缺口最大的一块是生产性服务业，而生产性服务业是为制造业转型升级服务的。所以简单把生产性服务业统计为生产性制造行业，会大大低估整体服务业的比重。应该说，如果把服务业消费加上生产性服务业，则我国新型服务业在整个产业中的比重会大大提升，并将成为改善消费结构的重要产业，也是中等收入者释放消费潜力的核心领域。

四、中等收入者的边际消费倾向

下面利用住户调查数据，将中等收入者按照收入和城乡进行划分，考察不同群体边际消费倾向差异①。如表9－5所示，2013—2018年居民边际消费倾向整体有所上升，农村居民和农民工边际消费倾向有所下降，城镇居民边际消费倾向大幅提升。总体来看，中等收入者边际消费倾向上涨较大，尤其是城镇中等收入者，由此可见扩大中等收入者群体，对于拉动我国消费需求具有一定作用。

① 消费函数模型为：$consume = \alpha + \beta income + \varepsilon$，其中consume为家庭人均消费；income为家庭人均收入。在回收方程中，还控制个体与家庭特征。

表 9-5　中等收入者的边际消费倾向

	2013 年边际消费倾向		2018 年边际消费倾向	
	系数	标准误	系数	标准误
总体	0.34***	(0.017)	0.39***	(0.018)
城镇	0.34***	(0.018)	0.41***	(0.021)
农村和农民工	0.36***	(0.051)	0.31***	(0.035)

注：*** 代表在 1% 水平上显著，** 在 5% 水平显著，* 在 10% 水平显著。

资料来源：作者根据 CHIP 数据计算。

结合表 3-5 数据，我国的高收入者比重较小，同时考虑到低收入者的消费能力有限，故中等收入者是市场消费的主体。在 2013—2018 年，我国低收入者比重持续下降，而中等收入者比重明显提高，该群体占比由 27.3% 上升到 29.5%。与此同时，中等收入者的消费占比有了大幅上升，由 26.2% 上升到 37.4%。

相对于其他收入群体，中等收入者家庭人均收入越高，其消费水平越高，提高中等收入者的消费水平主要还在于提高其收入水平。由于高房价、高物价和高意外支出等因素，中等收入者普遍具有脆弱感和焦虑感，其相当大一部分收入被用来进行预防性储蓄。特别是，由于农村社会保障制度还没有完善，使得中等收入者的相当一部分收入被用来进行预防性储蓄，而真正用于消费的比例却并不高。

当前我国经济增速持续下降，要素成本上升、比较优势衰减、产能过剩突出，经济金融风险集聚，尤其是经济增长动力不足、后劲乏力。在需求端的"三驾马车"中，投资和进出口都在下滑。因此，未来就必须要挖掘消费红利来驱动经济可持续发展。但内需驱动经济增长的战略，需要居民具有一定消费能力和较强的消费意愿。我国居民虽然积累了一定的财富水平和消费能力，但是在消费意愿方面却仍然很低，在这方面中等收入者具有很大的潜力。

除了根据城乡划分，下面继续比较不同产业中等收入者的边际消费倾向差异。如表 9-6 所示，服务业就业的居民边际消费倾向相对较高，在 2013—2018 年间低端服务业的边际消费倾向在持续上升。总体看，2013—2018 年间主要产业群体的中等收入者边际消费倾向有一定上涨，第三产业群体的边际消费倾向上涨最为显著。不过不同产业中等收入者的消费倾向差异较大，扩大中等收入者占比的同时也应考虑到产业间差异。

表 9-6　　不同产业中等收入者的边际消费倾向

	2013 年边际消费倾向		2018 年边际消费倾向	
	系数	标准误	系数	标准误
第一产业	0.23***	(0.088)	0.33***	(0.095)
制造业	0.32***	(0.034)	0.37***	(0.060)
建筑业	0.41***	(0.077)	0.36***	(0.077)
低端服务业	0.43***	(0.043)	0.50***	(0.051)
高端服务业	0.38***	(0.031)	0.40***	(0.028)

注：*** 代表在 1% 水平上显著，** 在 5% 水平显著，* 在 10% 水平显著。

资料来源：作者根据 CHIP 数据计算。

综合来看，我国橄榄形收入分配格局尚未形成，在中间小、两头大的分配结构下，中等收入群体的消费需求拉动作用也没有充分体现，这明显不利于扩大内需特别是消费需求，新的需求增长动力亟待形成。中等收入者是消费的主要来源，然而我国中等收入者的作用并没有得到充分发挥，中等收入者的边际消费倾向并不太高。应该说提升中等收入者比重会促进消费分层和多样化，这对于产业和产品结构的更新换代具有积极作用，进而可以推动经济结构优化，促进经济平稳快速增长。未来政策上要把增强中等收入者群体的获得感、存在感和安全感作为核心，通过制度设计和政策托底来减少他们面临的各种风险，从而达到提升边际消费倾向的目的，并进一步提升中等收入者对消费增长的贡献。

第十章　中等收入者的主观与客观认同

中等收入群体是经济发展的受益者，一般都接受过良好教育、有稳定的社会预期，因此如何进一步稳定他们的社会行为模式、增进他们的社会认同、提高对政策的满意度，具有十分重要的含义。由于我国收入差距持续较大，居民所占的收入份额较低，普遍存在“被平均”现象。再加上不合理收入等分配不公等问题的存在，我国居民普遍存在脆弱感和焦虑感。很多个体虽然在客观收入标准上被划分为中等收入者，但是在主观认同感上却普遍偏低，有时甚至与民众的定性判断产生较大偏离，特别是与消费取向的中等收入者比重存在较大差距。

总体看，中等收入者的主观认同低于客观认同，以收入标准定义的中等收入者与主观上认同的社会中层人群不吻合，甚至存在一定程度的背离现象。下面利用2010—2018年CFPS追踪调查数据，分析不同社会群体对自身状况和社会问题的主观评价，重点考虑中等收入者主观认同和社会满意度等问题。

一、主观与客观认同背离现象

主观认同感是指个体对自身收入水平和社会地位的主观评价，CFPS问卷调查关于主观幸福感的问题，有幸福感、生活满意度、未来信心程度、主观收入水平和主观社会地位。根据本书中等收入标准划分为低收入、中等收入和高收入群体，依次代表下层、中层和上层。表10－1和表10－2反映了2010—2018年各阶层对自身收入和社会地位的主观认同情况。结果显示，经济认同和社会地位认同并没有与客观收入层次一致，客观收入分层与主观经济认同和社会地位认同相关性偏弱。2010年到2018年，客观收入为中上层的人群，其主观认同呈现向下偏移特征，各收入阶层的客观收入与主观收入明显偏离。

表 10-1　　各阶层的收入主观评价　　单位：%

2010 年	给自己收入在本地位置评分的比例					
	很低	较低	一般	较高	很高	全部
下层	33.2	26.2	35.0	4.4	1.2	100.0
中层	22.7	24.3	45.0	6.6	1.3	100.0
上层	20.5	25.1	43.3	9.8	1.3	100.0
2018 年	给自己收入在本地位置评分的比例					
	很低	较低	一般	较高	很高	全部
下层	13.4	19.2	43.2	12.7	11.5	100.0
中层	9.6	18.5	51.1	13.1	7.6	100.0
上层	7.3	16.1	52.6	17.3	6.6	100.0

资料来源：作者根据 CFPS 数据计算。

表 10-2　　各阶层的社会地位主观评价　　单位：%

2010 年	您在本地的社会地位如何					
	很低	较低	一般	较高	很高	全部
下层	14.0	18.1	51.2	12.8	3.9	100.0
中层	11.9	17.3	54.7	12.8	3.2	100.0
上层	9.0	18.7	54.3	15.1	2.9	100.0
2018 年	您在本地的社会地位如何					
	很低	较低	一般	较高	很高	全部
下层	9.6	15.0	43.0	17.3	15.1	100.0
中层	7.9	15.9	49.2	17.3	9.7	100.0
上层	7.0	14.3	52.6	18.9	7.2	100.0

资料来源：作者根据 CFPS 数据计算。

综上所述，我国主观收入分层中的经济认同和社会地位认同，并没有与客观收入层次一致；主观经济认同和社会地位认同均以中层认同为主流，呈现趋向中层的特征；客观收入为中上层的人群其主观认同呈现向下偏移的特征。由于中等收入群体的刚性支出较多和生活负担较重，该群体的实际认同感较低。以收入标准定义的中等收入者与主观上认同的社会中层人群很不吻合，甚至出现明显背离。很多个体虽然在收入标准上被划分为中等收入者，但是主观认同感却普遍偏低，甚至与民众的定性判断存在较大差异，导致中等收入者出现主客观认同的背离现象。

二、主观认同与幸福满意度

为分析社会各阶层幸福满意度差异，本节选取 2018 年调查问卷中"您对自己生活满意程度如何"和"您认为自己有多幸福"这两个问题进行讨论，如表 10－3 所示。整体上，不同客观收入阶层大多对自己生活持积极的看法，居民生活满意度和幸福感趋于中间偏右的位置，而且客观收入阶层越高的群体，其对生活满意度和幸福感越高。从时间趋势上看，2018 年各收入阶层主观满意度和幸福指数上升明显，尤其是低收入群体。

表 10－3　　各阶层生活满意度和幸福度主观评价　　单位：%

2018 年	对自己生活满意度如何					
	很低	较低	一般	较高	很高	全部
下层	2.4	3.6	24.4	29.5	40.2	100.0
中层	1.6	3.1	24.0	36.3	35.1	100.0
上层	1.1	1.6	21.9	43.9	31.5	100.0
2018 年	觉得自己有多幸福					
	很低	较低	一般	较高	很高	全部
下层	2.0	4.8	25.5	32.0	35.6	100.0
中层	1.0	3.5	21.5	39.4	34.7	100.0
上层	0.5	2.1	17.6	45.4	34.4	100.0

资料来源：作者根据 CFPS 数据计算。

由于部分中等收入者的就业和收入稳定性不高，有关教育、医疗和养老等方面的政策还不够完善，社会保障水平不太高，在面对各种意外冲击和再发风险时，容易掉入低收入区间，因此该群体容易产生不满足感，所以虽然收入上被划分为中等收入者，但他们的主观满意度却偏低。从这个角度来看，中等收入者的主观认同低于客观认同，以收入标准定义的中等收入群体与主观上认同的社会中层人群不吻合，甚至存在背离的现象。因此，当前的任务除了扩大中等收入者比重，还应该注重提高中等收入者的主观满意度。

从表 10－3 对居民幸福感与获得感的描述来看，发现中等收入者幸福感为高与很高的比例明显低于其他两个群体。由于收入差距或收入极化主要体现在两端变动，所以收入极化下降对两端人群的获得感影响更大（对高收入者影响为正，对低收入者影响为负），对中间群体的获得感几乎没有影响，故收入极化下降并没有显著提升中等收入者的主观获得感。

三、对政策工作的主观态度

根据问卷中“您对上年本县/市政府工作的总体评价”的主观提问，可以考察不同收入阶层对政府工作的主观评价。如表10－4所示，2010—2018年各收入阶层对当地政府工作大多持正面评价，但是正面评价的比重随时间而有所下降。不同客观收入阶层的评价都大多集中在中间，认为政府工作取得的成绩还不够突出，这也说明人们对政府工作提出了越来越高的要求。而且主观收入分层位于中间层的群体，对政府工作和社会问题持有更积极的态度，因此当前除了扩大中等收入者比重，还应注重提升中等收入者的主观认同感，增强政策工作带来的获得感。

表10－4　　各阶层对政府工作的评价　　单位：%

客观收入分层	2010年您对上年本地政府工作评价					
	有很大成绩	有一定成绩	没有多大成绩	没有成绩	比之前更糟	全部
下层	11.9	53.8	22.7	9.4	2.2	100.0
中层	12.2	58.9	20.3	6.4	2.3	100.0
上层	15.3	57.7	19.4	4.9	2.7	100.0
客观收入分层	2018年您对上年本地政府工作评价					
	有很大成绩	有一定成绩	没有多大成绩	没有成绩	比之前更糟	全部
下层	10.5	43.1	27.5	15.1	3.9	100.0
中层	7.9	48.3	27.8	12.3	3.8	100.0
上层	7.5	53.8	26.6	8.8	3.3	100.0

资料来源：作者根据CFPS数据计算。

由于2010年未调查居民主观贫富差距程度，为探究各阶层对贫富差距问题的看法，我们选取2012年和2018年关于贫富差距的共有问题，即“您认为贫富差距问题在我国的严重程度如何”。表10－5是不同阶层人群对贫富差距看法，整体上对我国贫富差距持悲观看法的居多，表现出对我国贫富差距扩大的担忧。所处阶层的收入越高，则该个体认为我国贫富差距问题严重的比例越高。尤其是，从时间趋势上看，居民认为贫富差距比较严重和很严重的比例都在明显上升，说明居民对政策调节贫富差距问题的满意度还有待提升。

表 10－5　　各收入阶层对贫富差距问题的评价　　单位:%

客观收入分层	2012 年您对贫富差距问题的评价					
	很不严重	不严重	一般	较严重	很严重	全部
下层	4.5	9.8	30.8	27.0	27.9	100.0
中层	2.7	7.8	28.6	30.5	30.4	100.0
上层	1.9	5.1	29.3	30.0	33.7	100.0
客观收入分层	2018 年您对贫富差距问题的评价					
	很不严重	不严重	一般	较严重	很严重	全部
下层	2.7	6.8	31.2	28.0	31.3	100.0
中层	1.7	5.2	28.3	33.8	31.0	100.0
上层	1.2	4.3	26.1	37.7	30.7	100.0

资料来源：作者根据 CFPS 数据计算。这里都是询问贫富差距问题在我国的严重程度。

客观收入位于中层的群体对政府工作认可度低于其他阶层，但是主观收入位于中间层的群体对政府工作认可度高于其他阶层。客观收入阶层属性越高，认为我国贫富差距问题严重程度越大，但因贫富差距而受到不公平对待的比重却越低。主观收入位于中间层的群体，认为我国贫富差距严重程度低于其他阶层，因贫富差距而受到不公对待的比重也低于其他阶层。

四、主观认同与发展信心

下面还选取 CFPS 问卷中“您对未来的信心程度”来考察，如表10－6所示。不同收入阶层都对未来生活充满信心，信心程度趋于中间偏右位置。2010 年到 2018 年各收入阶层信心程度不断上升，体现出人们对未来经济形势看好。尤其是客观收入在低阶层的群体中，有超 45% 的居民表示对未来生活有非常强的信心，相信能够通过自身努力改善生活水平。

总的来看，主观收入分层位于中间的群体，社会认同感和生活满意度更高，对政府工作和社会问题持更积极认可态度。尤其是，主观收入位于中间层的群体，感受到因贫富差距而受到不公对待的比重最小，认为贫富差距问题严重的程度越低，提高居民主观认同感有利于政府工作和社会稳

表 10－6　　各阶层未来信心程度主观评价　　单位：%

2010 年	对自己未来信心程度如何					
	很低	较低	一般	较高	很高	全部
下层	5.0	9.3	27.8	30.8	27.1	100.0
中层	3.7	7.0	28.1	34.5	26.7	100.0
上层	2.9	6.8	32.3	34.3	23.8	100.0
2018 年	对自己未来信心程度如何					
	很低	较低	一般	较高	很高	全部
下层	2.5	3.7	19.6	28.3	45.9	100.0
中层	1.2	2.5	19.4	34.2	42.7	100.0
上层	1.4	2.0	18.5	40.2	37.9	100.0

资料来源：作者根据 CFPS 数据计算。

定。因此，当前任务除了扩大中等收入者比重，还应该增强中等收入者的主观认同感，由此能有效促进城乡市场开拓和消费需求扩大，推动国民经济持续健康发展。

持续的收入差距不仅会缩小低收入者获得感，而且还会通过纵向获得感来影响横向获得感，这对低收入者来说更加明显。收入差距扩大甚至在收入极化后，可能会使低收入者“与别人比”变得更差，从而对其获得感产生不利影响。在现实政策中，瞄准最低收入群体的提低政策，能更大程度地提升居民获得感。近年来我国收入极化出现下降，抑制了低收入者获得感缺失，这可以解释低收入者纵向获得感明显更高、且横向获得感大幅提升的基本事实，并在很大程度上显著提升居民获得感，由此可能是我国社会保持稳定的重要原因。

由于我国低收入人口规模较大，和别人比的横向获得感仍然相对较低，尤其是认为自己收入比别人低的“低位认同”现象较多，从而容易产生不满情绪，这对我国社会和谐稳定仍然是一个挑战。建议要坚持“提低、扩中和限高”的策略方向，不断缩小收入极化水平。聚焦“提低”以提升获得感，保障低收入者的就业稳定性，落实低收入群体的技能提升及居民增收措施，促进其收入水平的绝对增长，防范由绝对收入下降带来的获得感下降问题，由此最大程度上促进经济社会的和谐稳定。

第十一章　中等收入者的社会诉求

中等收入者是国家经济发展的最大受益者，他们对政府工作和社会问题持更积极态度，因此增加中等收入者比重，有利于政府工作顺利进行和社会和谐稳定。特别是我国正处于社会阶层多样化、利益主体结构多元化阶段，该阶段社会矛盾纠纷具有复杂多变、涉及面广、突发性强、群体性高和容易激化等特点，因此要着力保障和改善民生，积极预防和化解社会风险，促进社会稳定。

为全面了解我国当前社会形势，我们根据前面的中等收入者标准，抽取了广西、河南和广东等不同省份城乡和收入水平的1500户居民样本，并进行了入户调查。通过深入地方对不同地区居民进行访谈，来调查中等收入者对相关社会政策的看法，从而了解中等收入者的社会诉求①，提出针对性的解决方案，由此来稳定中等收入者比重。

一、社会政策满意度较低

（一）社会政策满意度较低

从图11－1可以看出，对于中等收入者来说，各类社会政策的满意度均不足60%，社会政策满意度整体较低，这充分反映了我国现行的社会政策离公众的需求还有一定的差距，导致公众对社会政策的不满。让公众最不满意的社会政策是住房、收入分配和食品药品安全政策，不满意率分别达到59%、57%和55%。

① 本章部分结果来自于2016年12月社会形势调查报告，部分数据来自于全国抽取的社会形势入户调查。

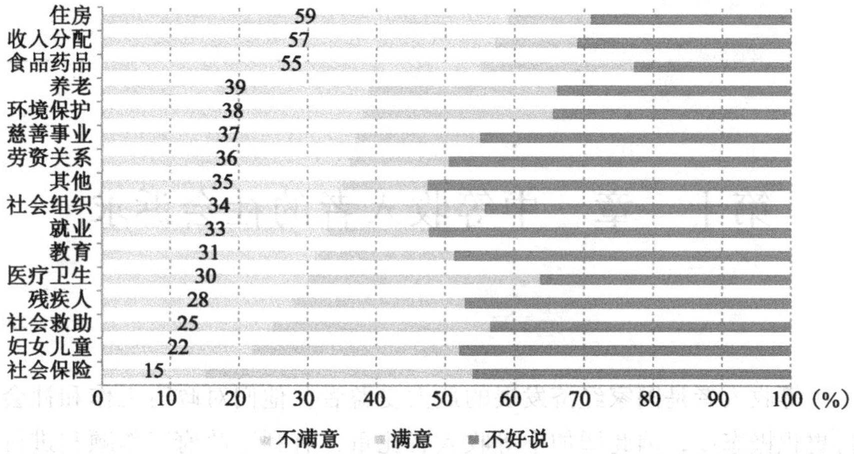

图 11-1　中等收入者的社会政策满意度

资料来源：作者根据 2016 年社会政策调查数据整理。

（二）农村社会保障的覆盖面较低，城乡差距明显

由图 11-2 可以看出，城镇中等收入者的政策覆盖率中，参加城镇职工基本养老保险的城镇中等收入者最多，比例高达 89.2%，参加“新农保”（新农村社会养老保险，简称“新农保”）的占比为 4.8%，参加机关事业单位养老保险的占比为 3.5%，参加城镇居民基本养老保险的仅占 1.3%，还有 1.3% 的城镇中等收入者参加了商业养老保险和其他养老保险，养老保险实现全覆盖。相应地，在抽取的农村中等收入居民中，参加城镇职工基本养老保险的比例为 37%，参加“新农保”的比例为 33.9%，

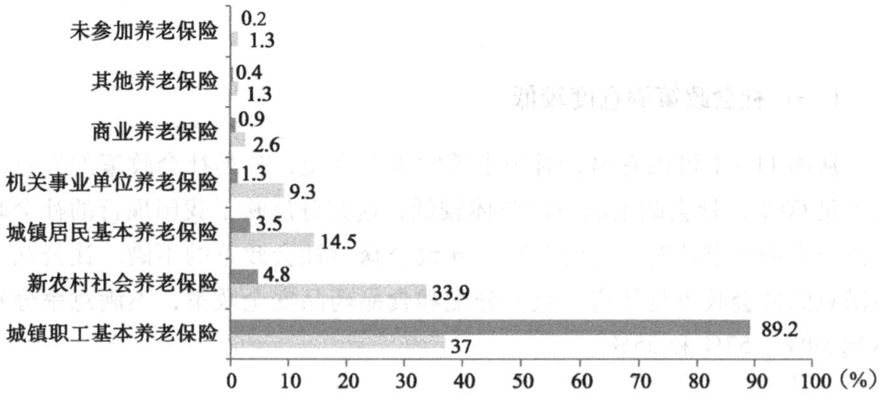

图 11-2　中等收入者的社会保障覆盖率

资料来源：作者根据 2016 年社会政策调查数据整理。

参加城镇居民基本养老保险的占到14.5%，参加机关事业单位养老保险的占到9.3%，参加商业养老保险和其他养老保险的占比为3.9%，还有1.3%的农村中等收入者未参加养老保险。由此可以看出，城镇各项社会保障覆盖的情况明显好于农村，这与长期以来社会保障制度建设重城市、轻农村的格局有关。

（三）农村中等收入者对社会保障制度的满意程度更高

在城市中等收入者调查中，认为领取的养老金完全能够满足自己基本生活需要的占8%，认为勉强能够满足的占28%，认为一般的占比最高，为44%，认为不太满足和完全不能满足的占16%和4%（见图11－3）。而农村中等收入者的调查结果显示，完全能够满足、勉强能够满足、不太能满足和很不满足的农村中等收入者占比分别为15%、30%、47%、6%和2%。对比发现，虽然城市中等收入居民享受到的养老金水平远高于农村，但养老保障制度的总体满意度却要低于农村，这可能是因为城镇中等收入居民认为要负担的费用和缴费比例较高。

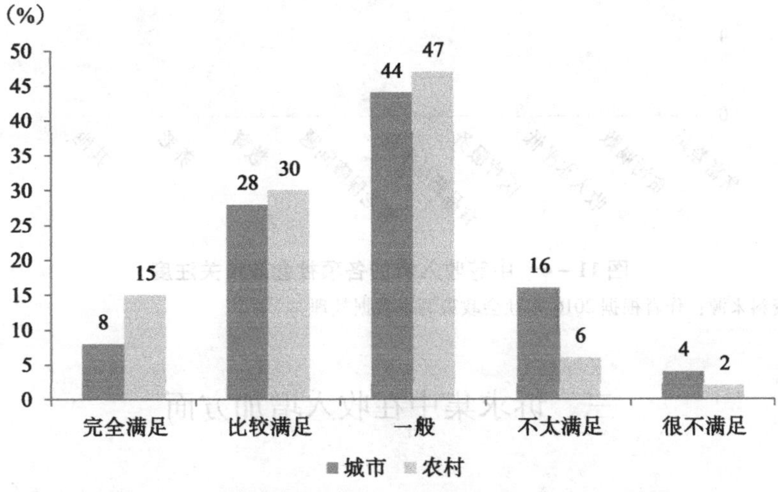

图11－3　中等收入者对当前社会保障制度的满意度

资料来源：作者根据2016年社会政策调查数据整理。

二、民生类政策最受关注

从受访结果来看，调查数据缺失程度很低，受访者回答了绝大部分问题，积极踊跃地发表意见和表达诉求。受访对象普遍关切与自己工作及生活密切相关的社会政策，对涉及民生类的政策关注度也明显较高（见图11－4）。从各类人群反映的频次来看，中等收入者最关注的是贫富差距与贪污腐败问题，占比分别为18.2%和14.8%；其次是收入增加和医疗服务政策问题，分别占12.7%和12.3%；再次是，食品药品安全政策和养老保障问题，分别占8.4%和8.3%；最后是教育和失业保障问题，分别占8.0%和7.6%。综合来看，中等收入者对民生类政策（教育、医疗、就业与养老）最为关注，关注比例超过36.2%。

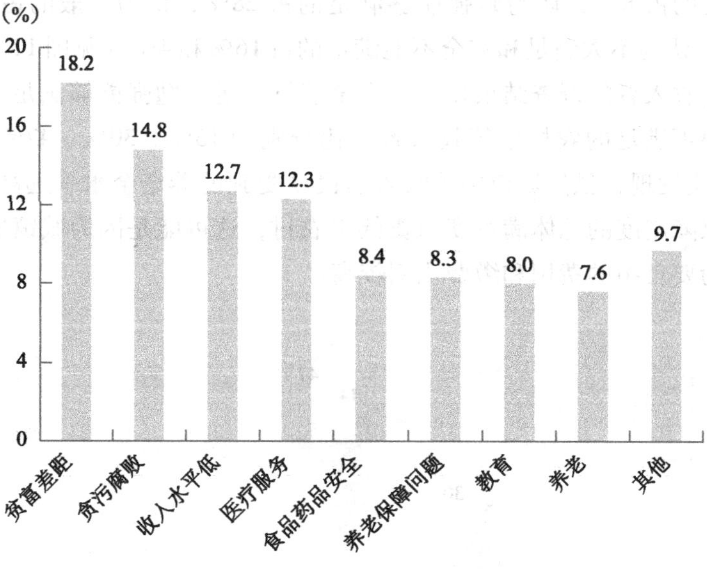

图11－4　中等收入者的各项社会政策关注度

资料来源：作者根据2016年社会政策调查数据整理。

三、诉求集中在收入增加方面

（一）未来政策诉求集中在收入增加方面

在对未来社会政策的诉求方面，排在第一位的是收入增加政策，有17.7%的中等收入者对社会政策在收入增加方面有所诉求（见图11－5）。此外，对社会政策的诉求几乎都集中在民生方面，包括医疗、养老、失业和教育政策等。另外，中等收入者对收入差距调节和贪污腐败调控政策也有较大的诉求，他们普遍希望社会政策在这两个问题上能进一步改善。

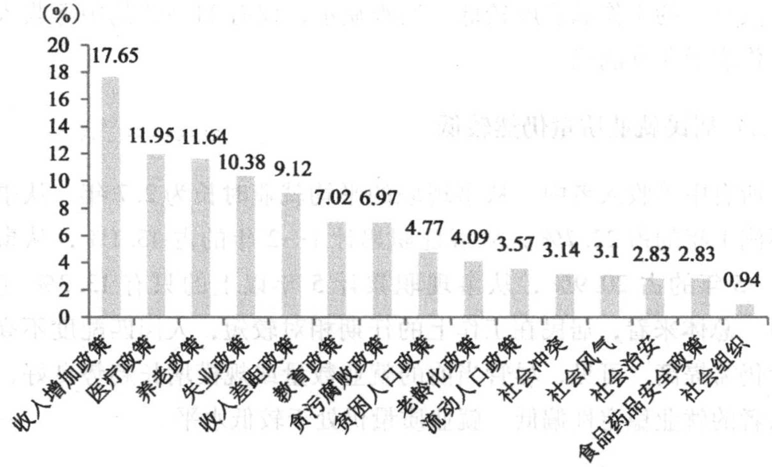

图 11－5　中等收入者对未来社会政策的诉求

资料来源：作者根据 2016 年社会政策调查数据整理。

（二）房贷压力较大

调查数据显示，除食品支出以外，住房支出占总支出的比重在低、中、高三类收入群体中都为最高，分别为 16.9%、17.4% 和 18.8%。这里的住房支出包括租房支出、住房维修等居住支出和房贷支出。低、中、高收入者人均房贷支出占住房支出的 3.5%、6.6% 和 12.8%。这主要是因为中、高收入者大多集中在经济发展程度较高的地区，而这些地区房价明显高于其他地区。除此之外，我们还发现，收入阶层越高，家庭人均住房负债越重，房贷占总负债的比重也越高。由此，我们可以看出中等收入者还面临较大的房贷压力。

四、就业质量诉求也不小

（一）工作时间长，加班现象较为普遍

从调查数据中可以发现，低、中、高收入者的就业比重分别为 48.6%、55.3% 和 51.8%，中等收入者就业比重高于其他两个群体。中等收入阶层平均每周工作时长为 31.21 小时，远高于低收入者和高收入者。52.1% 的中等收入者有加班经历，这一比例高于其他群体。中等收入者中员工加班现象普遍存在，由于很多用人单位并没有按照相关规定发放加班

工资，故员工的工作满意度较低。调查显示，仅有 11.8% 的中等收入者对现有工作表示非常满意。

（二）居民就业质量仍然较低

在所有中等收入者中，从事现职的平均就业时长为 2.7 年。从事现职累计不满 1 年的占 22.7%，从事现职累计 1—2 年的占 43.1%，从事现职累计 3—5 年的占 20.9%，从事现职累计 5 年以上的只有 13.3%（见图 11-6）。总体来看，居民在工作上的任期相对较短，人岗匹配度不高，就业质量仍需提高。可见，尽管当前的就业数量或规模增长趋势良好，但中等收入者的就业稳定性偏低、就业质量仍处于较低水平。

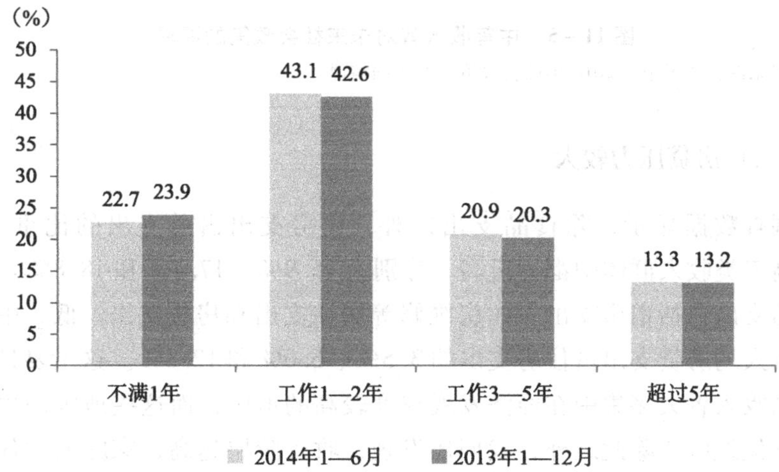

图 11-6　中等收入者从事现职的工作年限

资料来源：作者根据 2016 年社会政策调查数据整理。

五、中等收入者收支压力较大

（一）人际交往压力大

我们选取问卷中“过去 12 个月，您家给亲朋好友总共出了多少人情礼?”和“过去 12 个月，您家收到的礼物、礼金总共有多少钱?”，分别作为人情支出和人情收入变量。结果发现，所处的收入阶层越高，人情支出越高。中等收入者的人情支出与人情收入的比值为 4.86，低收入者和高收入者该比值分别为 0.33 和 0.18。由此可见，人际交往过程中，中等收入者可能面临较大的经济压力。

（二）外生风险高

我们根据问卷中“您家现有的所有金融产品的总价值是多少?”和“过去12个月，您家投资的金融产品总共赚了多少钱?”，得到家庭人均金融资产和金融资产收益额的具体数值。结果发现，收入阶层越高，参与金融投资的可能性越大，家庭人均金融资产额越高。然而，对于投资获利，中等收入者金融投资获利最少，承担了最大的投资风险；其次是低收入者，高收入者的金融投资获利最高。从金融投资风险的角度来看，中等收入者面临的投资风险高于其他群体。

（三）文娱支出比重小

调查数据显示，各收入群体购买书报杂志、看电影看戏等文化娱乐支出占总消费支出的比重分别为8.74%、8.28%和8.68%。中等收入者文娱支出比重最低，这可能是由于中等收入者平日生活压力大，工作强度高，投入日常文娱活动的时间较少。

综上所述，虽然我国中等收入者就业率高于其他群体，但是平均每周工作时间较长，工作满意度较低。中等收入者的收入水平偏低，大多位于中等收入标准下限附近。除此之外，相对于其他群体，中等收入者承担的社会保障负担、人际交往压力、住房贷款以及金融投资风险较大，由此导致中等收入者主观认同感向下偏移。

六、社会矛盾多元化

（一）社会矛盾来源多样化

中等收入者对居民生活社区的社会环境不太满意，在全国社会形势好转的同时，局部地区和个别社会群体情况有待提高。尤其是中等收入者对养老金分配不合理、失业救济发放等社会问题的不满意程度较高。因此要引导中等收入者参与社会治理，健全重大决策社会稳定风险评估机制，建立畅通有序的诉求表达、心理干预、矛盾调处、权益保障机制，使社会矛盾得到有效化解，让中等收入者合法权益得到有效保障，使合理诉求得到充分反映和及时解决。根据调查，目前中等收入者的矛盾纠纷有如表

11－1所示的几种。

表11－1　中等收入者的矛盾纠纷类型

类型	占比（%）
邻里之间因日常杂事引发的矛盾	25
家庭内部因素引发的矛盾	20
干群关系引发的矛盾	8
群众之间的利益纠纷	7
群众因缺乏法律素质与意识而引发的矛盾	12
企业发展过程中与群众利益发生的矛盾	17

资料来源：作者根据2016年社会政策调查数据整理。

（二）维稳形势面临新挑战

根据调查数据可知，面对各种社会矛盾和社会问题，中等收入者主张通过正常渠道向政府有关部门反映的比例，达到最高89.2%（见图11－7）；其次是通过新闻单位呼吁，有79%的被访者提及；再次是诉诸法律，有73.5%的被访者选择。另外，表示只能发牢骚或无能为力的也有一定比例，其中有60.2%的被访者提及，不过这种方式可以看作是秩序失效的一种前兆。而作为一种极端情况，有15.4%、10.1%和8.2%的中等收入者主张采取聚众上访、罢工罢课、结伙报复等手段，这有可能成为社会秩序失控的导火索，需要重视。

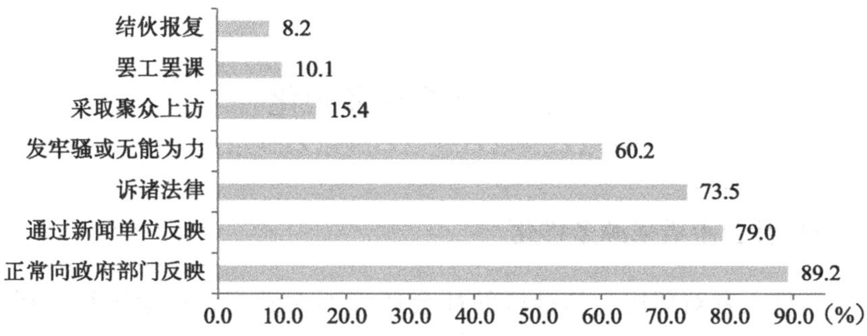

图11－7　中等收入者解决矛盾的方式

资料来源：作者根据2016年社会政策调查数据整理。

综上，政策要积极回应中等收入者的社会诉求，优先解决关系居民切身利益、群众反映强烈的突出问题。同时，应进一步加大基本公共服务有效供给，增加与人的发展直接相关的就业、社会保障、医疗卫生、教育、文化、体育等方面的公共财政支出。提高基层公共服务能力，改善公共服务基础设施，健全服务网络，提高服务设施使用效率。大力推进基本公共服务均等化进程，加大公共资源向农村、贫困地区和社会弱势群体倾斜力度，努力提高基本公共服务均等化水平。

应尽早明确中等收入者发展目标，增强相关政策的精准性。充分认识到保持经济中高速增长是提高中等收入者比重的必要条件。

首先，要完善相关劳动法律法规，明确加班工资的相关规定，避免用人单位变相加班。其次，努力实现职工基本养老保险全国统筹，养老保险采用全国统一的支付方式，确保养老体系的公平公正，真正做到多缴多得。同时推进医疗和失业保险等其他社会保障制度改革。再次，要正确引导中等收入居民进行理性的人情交往，宣传新的社会交往理念，摒弃盲目攀比的人情消费观念。最后，要注意调节收入分配，在收入再分配上发挥更大作用，通过税收等公共政策的调节，稳定扩大中等收入者比重。

第十二章　中等收入者的国际比较

扩大中等收入者比重，首先要明确我国当前的发展阶段，中等收入者的比重占多少是合理的，与此相适应的收入来源构成又该如何？有必要了解其他国家和地区各类人群和收入来源结构，与我国现状进行比较，明确提升目标方向，探索落实手段。通过比较转型地区、东亚地区、中等收入国家（地区）和收入差距水平较高国家（地区）的中等收入群体特征，对比我国中等收入群体在规模分布、收入来源、消费结构、行为模式、主观认同和社会态度方面的差异，从而揭示我国中等收入者的主要问题，并提出下一阶段的政策方向。根据2035年我国经济预测发展情况，和与之相接近的发达国家和地区进行比较，明确发展和改革方向，并有针对性地借鉴扩大中等收入群体的国际经验。基于此，本章选取处于不同发展阶段的多个国家和地区，将他们不同收入群体比重和收入来源差异与我国进行比较。

下面使用卢森堡收入研究数据库（LIS）和中国家庭收入调查数据（CHIP）进行分析。卢森堡收入研究数据库是大型跨国收入数据库，涵盖50多个国家和地区几十年的微观数据，包括家庭和个体层面特征、劳动力市场结果，以及详细的收入和支出情况等。中国家庭收入调查数据库（CHIP）分别于1988年、1995年、2002年、2007年、2013年和2018年进行全国层面城市和农村家庭收入调查，是我国收入问题研究的权威数据。本章选取CHIP 2018年家庭层面的收支数据。为便于比较，我们从LIS中也选取了相关国家和地区2018年左右的数据①。

为便于比较，按照世界银行2018年的国家收入划分标准选择不同收入水平的国家和地区。其中，2018年人均国民总收入低于1025美元为低收入国家，在1026—3995美元之间为中等偏下收入国家，在3996—12375美

① 受数据可获得性限制，个别国家（地区）用了近似年份数据来替代，如印度使用了2011年数据。

元之间为中等偏上收入国家，高于12375美元为高收入国家①。中国在2018年的人均国民收入为9620美元，属于中等偏上收入国家。根据2018年的人均国民收入情况（见图12-1），本书选取了与中国一样，处于中等偏上收入水平国家的俄罗斯、南非和巴西，处于中等偏下收入水平国家的印度，以及处于高收入国家的美国、英国和德国等。其中的中国、俄罗斯、南非和巴西均是“金砖”国家。

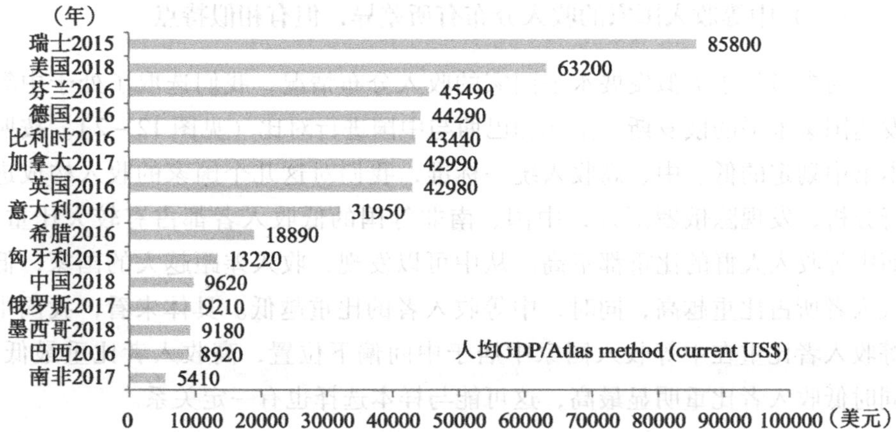

图12-1　主要国家2018年人均国民收入

注：在卢森堡收入数据库中，以中国2018年数据为基础，选定具有有效收入样本的国家及年份，再从世界银行WDI数据库中选取宏观层面的GDP指标。

一、收入群体构成的国际比较

为进行国际比较，有必要考虑全世界所有国家和地区的情况，以对中等收入的标准进行界定。因此，本书选取统一的定义进行分析，“利用世界各国和地区当年人均家庭收入中位数的67%、200%，作为同年每个国家的中等收入群体的上下限”，后面的分析均以此作为中等收入者的标准。

（一）我国低收入者占大多数

图12-2是利用本书界定的中等收入定义，计算得出的2018年我国低、中、高三类收入者的各自所占比重。从中可以看出，我国低收入者比

① 资料来源：https://datahelpdesk.worldbank.org/knowledgebase/articles/906519#High_income。

重非常高，占到67.6%；中等收入者比重较低，仅为29.5%；高收入者更低，为2.9%。而俄罗斯、巴西的中等收入者比重则达到33.5%和35.0%。由此可见，我国当前居民收入分布是中高收入者比重低，不符合“两头小，中间大”的橄榄形的收入分配结构。应该说，我国扩大中等收入群体比重的任务比较艰巨，需要采取合理措施推动低收入人群增收，帮助更多的低收入者收入向上流动，以扩大中等收入人群的数量。

（二）中等收入国家的收入分布有所差异，但有相似特点

为参考处于类似发展水平国家的收入分布情况，我们选取了处于中等发达国家水平的俄罗斯、南非和巴西与中国进行对比（见图12－2）。按照本书中划定的低、中、高收入统一标准，我们对这几个国家的收入构成进行分析，发现除俄罗斯外，中国、南非等国的低收入者都占有较大比重，而中等收入人群的比重都不高。从中可以发现，收入差距越大的国家，低收入者所占比重越高，同时，中等收入者的比重越低。具体来看，我国中等收入者比重在中等收入国家中居于中间偏下位置，高收入者比重最低，同时低收入者比重明显最高，这可能与样本选择也有一定关系。

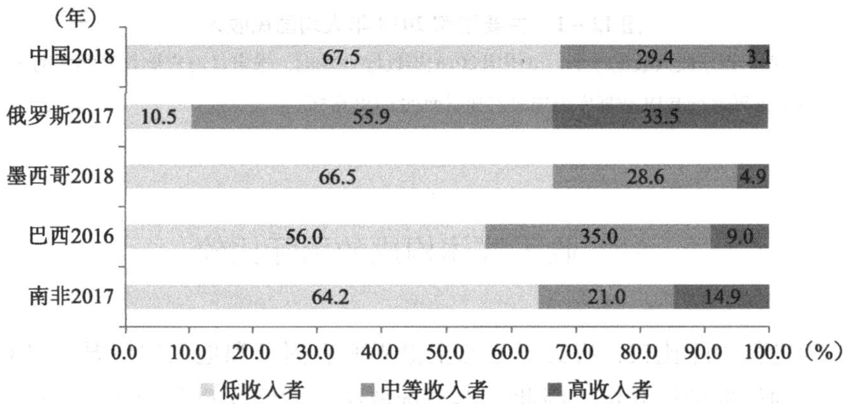

图12－2　中等收入国家的家庭收入结构比较

资料来源：作者根据卢森堡微观家庭数据库中的各个国家数据计算。

二、国际比较发现我国中等收入者比重偏低

下面选取美国、英国和德国作为发达国家的代表，与我国居民收入分布情况进行比较。发现发达国家低收入人群比重非常低，均在10%以下，

与我国形成鲜明对比（见图12－3）。发达国家的高收入者比例非常高，且中等收入者比重也很高，这样中高收入者比重能达到90%左右，这说明经济发展水平和平均收入增长本身仍然是决定性的。在我国迈向高收入国家发展的过程中，需要不断提升低收入人群收入，扩大中等收入者比重。中等收入群体的扩大，有利于高购买力群体的形成，促进内需，进而推动我国向高收入国家不断迈进。

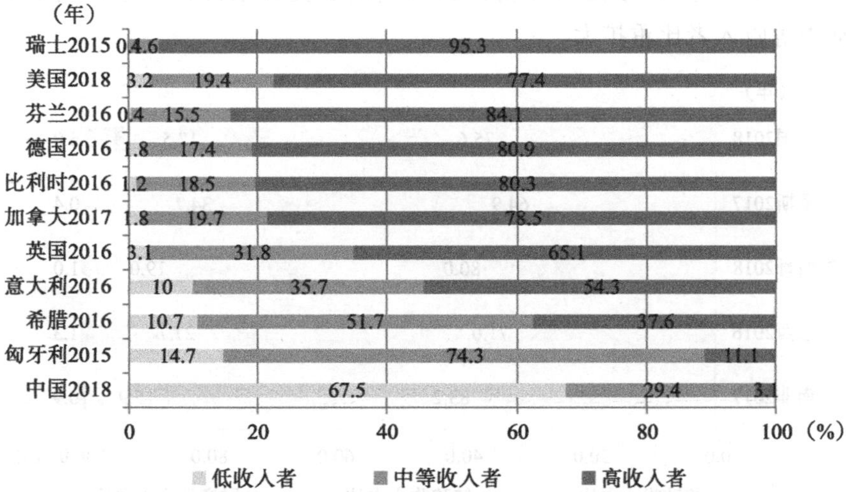

图12－3　中等收入者比重的国际比较

资料来源：中国对应各人群比重是基于CHIP数据估算；其他国家对应各人群比重是基于卢森堡收入研究数据库（LIS）估算。估算中用到的购买力平价指数（PPP）和消费价格指数（CPI）来自世界银行。

总的来看，在国际可比较标准下，当前我国中等收入者比重明显偏小，与不少发达国家相比还有较大差距。国际经验显示，一个国家或地区的中等收入者比重在50%以上时，经济、社会和政治状况就会相对平稳。从这个角度来看，我国还没有形成中等收入者占多数的橄榄形社会，仍是低收入群体偏大的社会分配结构。

三、中等收入者收入来源的国际比较

不同收入群体具有不同的收入来源特点，明确我国与其他国家中等收入者收入来源构成的差异，可以有针对性地采取优化收入结构的政策措施。我们将家庭收入分为劳动收入（工资性收入与经营性收入）、财产性收入和转移性收入三类，并对三类收入来源的差异进行国际比较。

（一）我国中等收入者更依赖于工资收入

从图 12 -4 可以看出，与中等收入国家相比，我国中等收入者的经营性收入所占比重偏低，需要进一步完善鼓励个人创业的政策措施，通过税收减免等引导创业，提升中等收入者经营性收入。目前我国在推动“大众创新，万众创业”，给提升经营性收入创造了良好条件，一定程度上能够推动中等收入者比重扩大。

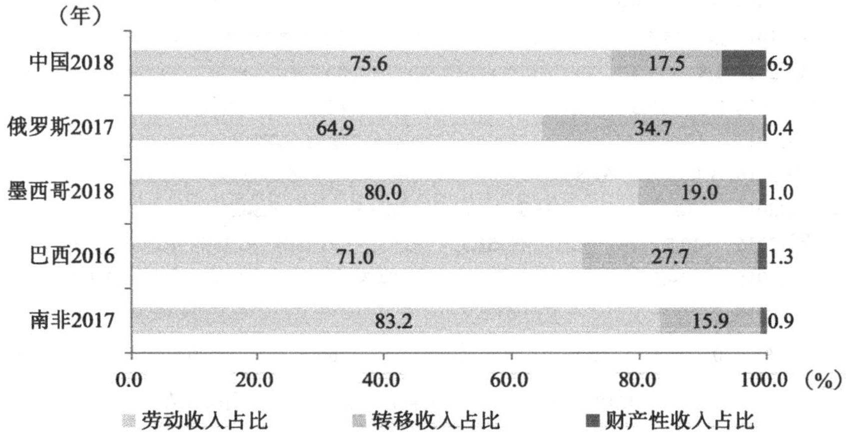

图 12 -4　中等收入国家的中等收入者收入来源比较

资料来源：作者根据卢森堡微观家庭数据库中的各个国家数据计算。在 LIS 数据中，财产性收入仅包括资本净收益，故财产性收入的占比明显偏低。

相对其他中等收入国家，我国中等收入者的工资性收入所占比重较大，说明我国中等收入者收入更多地来源于工资性收入。为保障中等收入者的收入水平，一方面应进一步改革和完善个人所得税政策，把目前主要由工薪阶层承担的个人所得税，逐渐转向以高收入者为主、中等收入为辅的方向，降低中低收入者的个人所得税负担。另一方面，应建立工资正常增长机制，继续发挥工资性收入在提升总收入中的作用。

（二）我国转移性收入没有发挥应有的较大作用

与高收入国家相比，我国中等收入者的劳动收入和财产性收入所占比重都不低，但是转移性收入扩大中等收入群体的作用不明显（见图 12 -5）。养老金、社会救济和社会补助等社会保障收入偏低，而社会保障费用等转移性支出较高，导致我国转移性净收入显著低于大多数国家。这反映了我国社会保障替代率水平偏低、社会保障缴费过高的现状，因此下一步要继续完善社会保障制度、扩大社会保障覆盖面、降低社会保障缴费基数，发挥社会保障制度调节收入分配的作用。同时，当前我国个人所得税没有很好地起到调节作用，居民的税费负担不利于中等收入者比重扩大和居民收入水平提高，下一步要继续加大政府在教育、医疗、养老等公共支出上的投入，增强安全感，这是扩大中等收入者比重的必要条件。

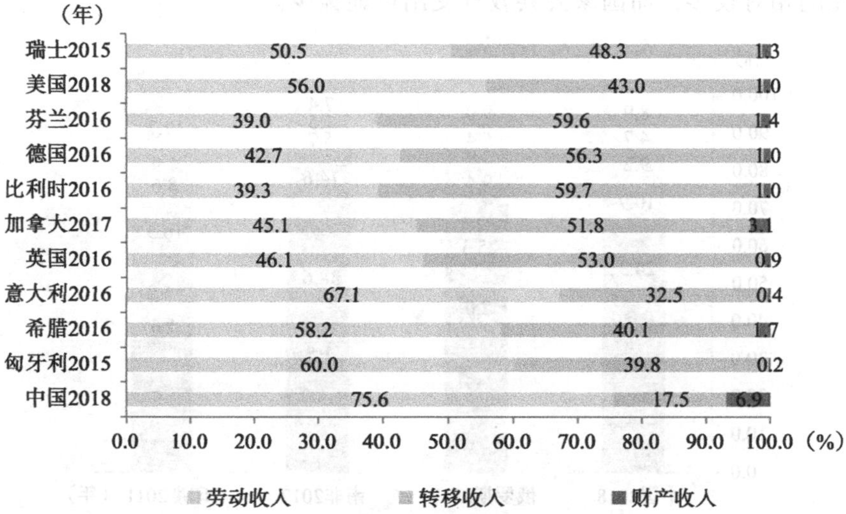

图 12－5　发达国家的中等收入者收入来源比较

资料来源：作者根据卢森堡微观家庭数据库中的各个国家数据计算。

四、中等收入者消费支出的国际比较

中等收入者的消费支出会影响产业和经济发展的方向，因此有必要与其他国家进行比较，分析不同国家中等收入者消费倾向的差异，帮助调整我国中等收入阶层的消费结构，促进消费升级。由于 LIS 里中高收入国家支出数据的缺失，本部分只对比中国与其他中等收入国家（俄罗斯、南非、印度）消费支出构成的差异。下面将消费支出分为食品烟酒、衣着、居住、交通通信、教育文化娱乐、医疗保健、生活用品及其他服务等七类。

各国在食品烟酒和居住上的支出占比均相对较高，说明中等收入国家的中等收入者将大部分支出放在了基本生存上，对于医疗保健等发展型和生产型投入相对较少（见图 12－6）。这说明，有必要进一步提升中等收入国家的收入水平，尤其是中等收入者的收入，提升他们在发展型支出上的消费倾向，形成消费和收入的良性互动，促进中等收入者扩大和向高收入者转化。而且图 12－6 发现，居民的住房支出普遍较高，这需要建立健全合理有序的房地产市场，变住房为消费性产品，而非投机性商品，减少住房的高消费支出。与其他国家相比，我国中等收入者的教育消费支出相对较高，达到约 9.2%，这从一定程度上反映了我国家庭个人承担教育投入占比的相对较多，而国家公共教育支出可能偏少。

图 12－6　中等收入者消费支出比较

资料来源：作者根据卢森堡微观家庭数据库中的各个国家数据计算。

五、现阶段与 2035 年我国中等收入者的发展目标

为分析我国当前中等收入者的收入构成是否合理，本章选取与 2018 年我国人均收入水平相当的智利和中国台湾地区进行对比。分析发现，智利在 1999 年和中国台湾地区在 1986 年的人均收入水平，与我国大陆 2018 年基本相当。从图 12－7 可以发现，不管是与中国台湾地区还是与智利的收入构成相比，我国大陆的中等收入者所占比例都偏低，低收入者比例过大，高收入者比例偏小。考虑到中国台湾地区和智利迈向高收入地区的进展情况，可以看出中等收入者比重越大，则进入高收入地区的速度会越快，经济发展情况也就更好。

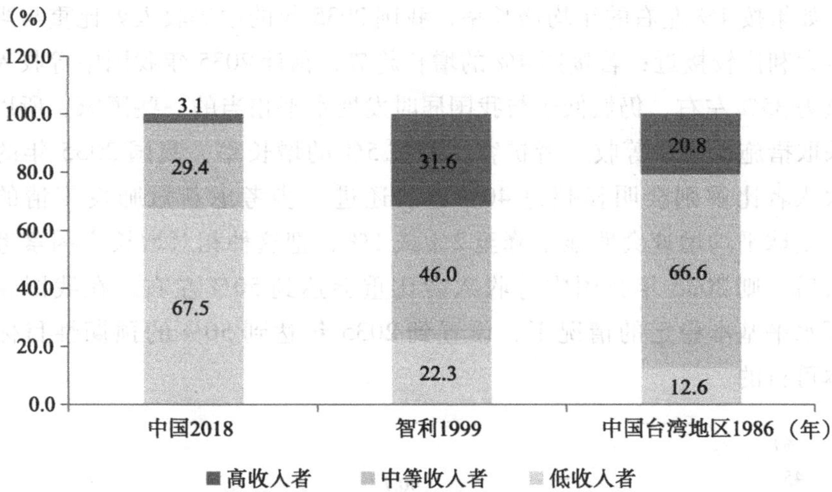

图 12－7　同等人均收入的当期收入构成对比

资料来源：作者根据卢森堡微观家庭数据库中的各个国家（地区）数据计算。

从图 12－8 可以看出，我国大陆中等收入者的收入构成与 1999 年的智利比较接近，而与我国台湾地区有所不同。相较于台湾地区 1986 年的构成可以发现，我国大陆的经营性收入比例偏低，因而可以通过扩大经营性收入占比，来提高中等收入者比重。

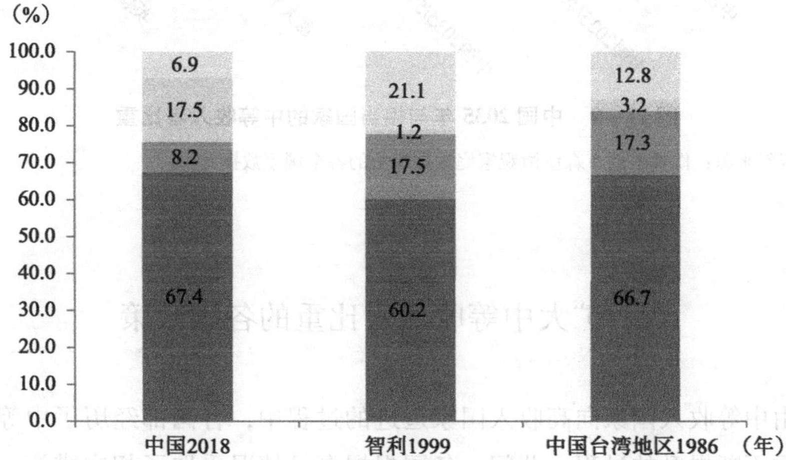

图 12－8　中等收入者的收入结构比较

资料来源：作者根据卢森堡微观家庭数据库中的各个国家（地区）数据计算。

为了解未来我国中等收入者占比情况，图 12－9 以不同增长速度预测了 2035 年我国人均收入水平，并选取了届时与我国水平相当的国家进行比较。如果按4%左右的年均增长率，我国2035年的中等收入者比重与当前的意大利比较接近；若按照4%的增长趋势，预计2035年我国中等收入者比重为35%左右，仍然低于与我国届时发展水平相当的一些国家，所以需要采取措施促进中等收入者扩容。若按5%的增长率，我国2035年的中等收入者比重则会明显超过40%，若还进一步考虑新冠肺炎疫情的影响，全球平均增速会明显下降至2%或1%，把这种相对增长率因素考虑进去后，则2035年我国中等收入者比重会达到50%左右。在我国收入差距水平基本稳定的情况下，设置到2035年达到50%的预期性目标是基本可行的。

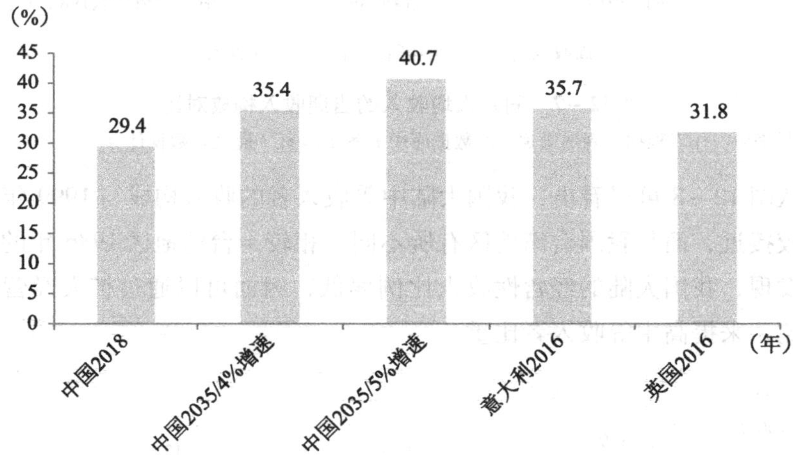

图12－9　中国2035年与相当国家的中等收入者比重

资料来源：作者根据卢森堡微观家庭数据库中的各个国家数据计算。

六、扩大中等收入者比重的各国政策

由中等收入国家向高收入国家迈进的过程中，各国都经历了中等收入者比重不断提升的过程，此间，各国根据自己情况采取了相应措施，有一些改革手段和路径值得借鉴。下面分别对美国、英国、德国、韩国和日本等国的相关政策措施进行总结。

（一）美国扩大中等收入群体的措施

在美国的工业化时代，白领阶层为主体的中等收入阶层的迅速扩大主要是由两个方面来推动：一是美国相对平等的受教育机会，使许多蓝领工人及其子女有机会跻身于白领阶层；二是工业技术进步和专业化发展，使劳动生产率得到前所未有的提高，这也促使了中等收入阶层迅速壮大。

（1）大众教育提供了新兴中产阶级所必需的技能，扩大了中产阶级的白领职业。美国政府在教育发展中倡导教育公平理念，并从立法上予以保障。社会成员所获得的平均收入与其受教育程度呈正向关系，教育程度越高，所获得的报酬就越高。教育成为社会成员，尤其是青年群体进入中产阶级的“敲门砖”。当高等教育由精英教育变为大众教育之后，大学毕业生逐渐供过于求，白领职业竞争渐趋激烈，大学毕业生的薪水和名望渐趋下降。当大多数青年未实现其期待的职业理想时，往往产生厌烦和不满情绪，针对不断扩招的高等教育的负面效应，美国开始尝试建立各自通向不同职业等级的多级教育阶梯，给广大青年提供与其能力相适应的普通专门教育，打破对知识性职业的片面重视。

（2）第二次世界大战后美国大幅提高个人所得税推进收入再分配，并进一步依托征收高额遗产税等手段营造全民慈善大环境，有效缩小了收入分配差距，巩固并壮大了中产阶级规模。初次分配做大财富“蛋糕”，注重市场公平。“第一只手”严厉打击对公共资源的垄断。美国政府通过《谢尔曼反托拉斯法》《联邦贸易委员会法》和《克莱顿法》，严厉打击对市场和公共资源的垄断协议和独占行为，保障市场环境公平。“第二只手”鼓励开放性自由竞争。美国政府一方面通过《美国复兴与再投资法案》等加大对经济刺激投入，为市场注入资金增强流动性；另一方面以高回报刺激创业创新，充分挖掘新兴产业潜力。二次分配提高个人所得税，促进社会公平。美国政府敦促相关机构加强审查监管，并逐步提高资本利得税税率。三次分配打造机会均等平台。美国通过征收高额遗产税、赠与税等鼓励富裕阶层投身慈善事业，同时积极引导全社会树立“经营慈善”“携金死亡可耻”等理念，鼓励慈善事业进入教育、就业等领域。

（二）英国扩大中等收入群体的措施

第二次世界大战以后，英国福利经济学家的代表人物庇古提出“收入均等化”学说，主张通过二次分配，把富人收入转移一部分给穷人，主张由国家承担更多社会福利责任，此后社会保障、科技、教育、人口等诸多方面不再作为经济发展的附属品而日益成为人们关注的目标。福利思想为福利制度的形成创造了条件，也为中产阶级的形成奠定了理论思想基础。

1. 英国将税收和福利政策作为扩大中等收入者的重要手段

例如，1994—1995 年，英国家庭收入按 5 等分组划分，上层 20% 与下层 20% 的居民收入差距是 19.8 倍，再加上家庭的货币福利收入以后，二者的税前毛收入差距缩小到 6.2 倍；再减去收入税、国家保险税的地方税以后，二者的可支配收入差距进一步缩小到 5.4 倍，而在减去间接税后，两者的税后收入差距又扩大到 6.4 倍，最后再加上教育、医疗、住房、交通等各种实物津贴和补助后，两者的最终收入差距大幅缩小为 3.7 倍。

2. 推动产业结构不断升级

英国煤矿、交通和制造业等传统产业部门在产业结构转变中有所衰退，而新兴的服务业发展很快。在产业升级过程中，影响收入的因素首先是受教育程度和专业知识，也就是说与劳动者在教育方面的投入和所付出的成本有关，较高的教育程度和紧缺的专业知识训练需要的费用也较高，工资收入主要体现为一种教育收益。其次与工作的行业部门有关，一般情况下工作在高盈利的新兴产业部门的工资收入就较高。总的来看产业结构不断升级为英国中产阶级的壮大提供了重要基础。

（三）德国扩大中等收入群体的措施

德国中产阶级的扩大与政党运动有关。德国的工人运动和政党运动相对比较活跃。首先是工人运动尤其是白领的运动，向雇主索取部分剩余价值，使得收入分配相对合理。其次是政党运动，在争取执政的过程中，不同政党都会部分地采取工人运动的某些主张，到了 19 世纪 70 年代后，由于他们的基本要求得到满足，工人运动才开始进入低潮。

1. 社会福利制度

目前德国大部分民众属于中产阶级，良好的社会福利制度为人民提供了一般性的医疗服务、失业保障以及其他社会需要。其遵循的基本原则是，尽量在人力资本上投资，而不是直接提供经济资助。为了更好地体现“不劳动者不得食”，他们提出了使社会保障制度与促进就业结合起来的途径，通过减少不利于工作及就业机会的税收与罚款，使劳有所得，提高工作中的公正水准。在提供福利服务上更多地发挥地方和第三部门的作用。社会福利开支也将不再是完全由政府来创造和分配，而是由政府与其他机构一起通过合作来提供。

2. 产业结构变化

第二次世界大战后资本主义国家发生了第三次科技革命，以电子计算机、原子能的发明使用为先导，推动了社会生产力的巨大发展，引起生产关系的重大变化，导致发达资本主义国家产业结构的调整，主要表现为重工业向技术密集型产业特别是服务产业（第三产业）转移。就业结构的变化必然导致社会阶级结构变化，其基本特征就是中产阶级的发展壮大。

3. 国家垄断资本主义发展

在20世纪60年代，德国建立联合企业、兼并接管企业的趋势不断加强，这导致了较高的市场集中率。垄断资本主义的发展导致了国家干预主义盛行，它要求扩大国家职能，加强国家和政府指导、参与和干预经济社会活动的能力，这就使德国从中央到地方各级政府的职能部门增加，政府雇员数量大幅提升。这大幅增加了对经理、会计专业人员以及公务员的需求，这些人员主要属于中等收入阶层，因此国家垄断资本主义发展，明显扩大了中等收入者规模。

4. 中小企业扶植与大企业发展

政府致力于扶植小型企业，这是政府扩大中产阶层的普遍政策。德国制定了扶植中小手工业和工业企业的国家纲领，使这些行业企业在不同起点条件下可以得到平衡。第二次工业革命导致社会分工和协作进一步扩大，为企业规模化经营提供了条件；激烈的市场化竞争导致垄断的产生。垄断大型公司规模大，需要大量办公室工作人员，而且由于系统化管理和新技术引进的需要，使得公司内部的专业化分工越来越细，同时也就需要越来越多的办事职员。随着企业规模扩大及现代管理措施的采用，出现了一些不拥有或较少拥有生产资料的所有权，但却拥有对工人劳动的支配权和对生产资料日常控制权的人。在这些新的领域，形成了不同于传统产业的新型雇佣劳动者，他们构成了“新中产阶级”的主要组成部分。

（四）韩国扩大中等收入的措施

1. 大力打压财阀经济

韩国在经济起步阶段，就出现了经济势力强大的财阀集团，他们垄断了大部分经济资源，并逐步延伸到社会各个层面，逐渐成为经济自由发展和社会进步的障碍。为此，韩国开始了对本国财阀的打压，进入20世纪90年代后，韩国政府明显加快了打压的进度，并将这一行为视为突破经济发展瓶颈的关键环节来处理。着重对政企关系以及财阀制度进行重大改革，如整改财团财务结构，鼓励企业合作与兼并，从法律层面规范金融秩序，建立健全投融资体制，加强税收监管和税制调节等措施。

2. 增加民众收入和社保

韩国政府重视民众收入增长，特别是增加农民收入。20世纪70年代，韩国政府认识到农业和农村问题对国民经济发展的重要性，反思以前重工业、轻农业的做法，开始在全国范围内推广“新村运动”，以政府为主导，充分调动农民生产积极性，带动农民自发开展家乡建设。通过一系列改革，大幅增加了农民收入，农村基础设施建设得到很大发展，大大缩小了城乡差距，从而避免了随经济发展而出现的过度贫富差距问题。

3. 大力发展教育

经济发展催生了韩国的中产阶级，而教育尤其是职业教育、高等教育的普及化和大众化，满足了产业结构升级所需要高素质人力资本需求，助推了中产阶级规模的扩大。韩国在20世纪70年代末实现了9年义务教育普及；90年代初，其高中教育阶段毛入学率超过了90%；高等教育在80年代和90年代中期相继实现了大众化教育和普及化教育。韩国教育的发展适应了各个阶段经济发展对人力资本的需求。

4. 培育中产阶级的住宅政策

政府不断出台扩大住房供给政策，以保障中产阶级的经济安定与社会地位。20世纪80年代开始，政府通过公共投资直接参与住房供给，扩大无房户的购房渠道。根据1980年制定的“住宅开发促进法”，土地开发公司、住宅公司等主导了房屋土地开发。80年代初，韩国政府制定了“500万户住宅建设计划”，90年代初，又制定了“200万户住宅建设规划”等。尤其是在80年代后期，借助低油价、低汇率、低利息的有利环境，在国内经济上升的同时，让更多的人购买了私人住宅，使培育中产阶级的政策收到了成效。

（五）日本扩大中等收入的措施

1. 城市化运动

第二次世界大战后持续大规模的城市化运动，形成了日本中产阶级的扩大基础。高速增长时期，城市工厂缺乏人手，大量农民集体涌入城市。促进农村居民顺利融入城市，是当时日本市政当局最重要的任务之一。日本政府通过大力建设廉租房等方式为来到城镇的新居民解决住房问题，由此推动了城镇化率提升，并有利于中等收入者培育。

2. 教育水平的普遍提高

第二次世界大战后日本把义务教育提高至初中，此后高中、短期大学或大学教育也日益普及。教育程度提高对中产阶级形成有很大促进作用。另外，为满足日本国内经济转型和发展需求，为国家提供高素质的人才，日本所得税增加了子女抚养和教育相关费用的扣除和减免力度，全力扶持诸多工科及理科私立大学建设，为培养现代经济人才提供了宽松的政策环境。

3. 实施合理的税收政策

日本政府在进入中等收入阶段后，从所得税、消费税及资产税等各个环节，全方位调整了税制体系和结构，建立了直接税为主、间接税为辅的税制结构，为居民收入持续增长做出了重要贡献。如通过所得税负担减免等改革，使日本中等收入居民的工资水平有明显提高。通过税制调整、税收减免以及财政补贴等，推动新兴产业的形成和发展，增强了日本产品的国际竞争力，为日本跨越中等收入陷阱奠定了产业基础。而且日本提高奢侈品征税力度、调整直接税和间接税比例、改革财产继承和赠与环节、合理设置所得税负担等，显著降低了中等收入者的税收负担。

第十三章　扩大中等收入者比重的政策方向

过去虽然出台了很多政策文件来调控收入差距问题，但是效果并不明显。这与几年来的政策调控思路有一定关系，因为过去政策基本上还是集中在“限高”和“提低”上。由于收入信息不准、再分配政策底数不清等原因，过去“限高”措施的效果并不理想。另外，虽然“提低”效果较好，但当前面临经济增速下滑、企业经营困难、财政收入大幅下滑的状况，再通过财政转移支付（如低收入保障、农村补贴等）来提低面临很大挑战。因此，下一阶段不能再指望“限高”和“提低”，而必须调整政策思路，把“扩中”作为政策主攻方向。

一、保持必要的经济增长和收入提升

收入稳定增长是实现橄榄形分配格局的前提。在新形势下，居民收入增速可能放缓，这需要居民增收有关的激励政策支撑，增加国民收入在宏观收入分配中的份额等。在此基础上要进一步缩小收入差距，让低收入者从经济增长中获益，并成为中等收入者。这需要进一步落实针对中低收入者的就业创业支持和技能提升政策，落实其他以中低收入者为主要目标的居民增收措施。

收入增长和收入分布变化是影响中等收入者规模的两大因素。2002—2018 年间，我国中等收入者比重的提高，主要源于我国整体收入水平的提高而不是收入分配格局的变化。2002 年到 2018 年间，我国中等收入群体比重的提高，95%是收入整体增长带来的，仅有 5%左右是由收入分配格局变化带来的，因此收入稳定增长是“扩中”的最重要来源。这说明要扩大中等收入群体的重点是要收入稳定增长，如果“蛋糕”做不大，特别是抑制了最具创造性那部分人的活力，结果只能是普遍贫穷。另外，在收入分布不变的假设下，如果增速为6%，到2025年和2035年我国中等收入者比重将达到37.7%、44.3%；如果增速下降至3%，则我国中等收入者比重只能在29.5%的水平徘徊。由此看出，提高我国中等收入者比重，保持一定的经济增长速度至关重要，只有在保持居民增收的基础上，才能稳定扩大中等收入者比重。

二、“提低”是扩大中等收入者比重的主要出路

我国目前收入差距处于高位，低收入者人数仍然很多，未来要扩大中等收入者比重，根本着力点还在于要提升低收入者的收入水平，使其进入中等收入行列，而不是把高收入者向下拉使其成为中等收入者。2020年现行标准下所有贫困人口脱贫后，有一部分家庭会进入中等收入者行列，如果未来能实行良好的社会保障制度和最低工资政策等，就有可能把相当一部分低收入者提到中等收入群体中。最重要的是，过去几年的政策经验表明，“提低”是缩小我国收入分配差距最有效的手段，各种惠农资金、转移补贴和社会托底政策使得近年来收入差距水平持续走低。所以，要扩大中等收入者比重，政策的核心在于“提低”，这需要进一步落实针对中低收入群体的减税降负政策、就业创业支持政策、技能提升政策以及居民增收措施。

三、提高农民收入是扩大中等收入者比重的关键

西部及农村地区还存在相当比例的中低收入群体，他们人口规模庞大，而且很大一部分在中等收入者的下限附近徘徊，有很大的潜力步入中等收入者行列，因此提高农民收入是“扩中”的关键所在。首先需要提高农业劳动生产率，加快新型城镇化步伐，加快农业劳动力向非农就业转移；其次要提升科技创新因素在农业产品中的附加值，通过合作社、农业公司延长农业产业链，加快农业与其他产业的深层次融合，走农产品差异化、产业化和特色化道路，让农民也能分享到第二、第三产业的利润；再次是要深化农村土地制度改革，推进宅基地流转和置换方式创新，推动农村土地资源变资产，加速农村土地通过市场方式变现财产性收入，让农村居民能合理分享到土地升值收益。

四、农民工是潜在中等收入者的主要人群

农民工已经成为中国经济增长的重要动力来源。2019 年我国农民工数量已经达到 2.9 亿人，约占全国总人口的 21%，占全国劳动力数量的 36% 左右。同时，农民工收入在过去经历了快速增长，部分高收入农民工已经达到或超过中等收入者门槛。根据国家统计局数据，2019 年全国农民工人均月工资 3962 元，推算农民工最高 20% 组的月均工资已达到 8420 元左右，远超各种标准定义的中等收入者门槛。可以说，农民工数量庞大、相当部分农民工的收入已达到中等收入门槛，农民工是未来"扩中"的主要来源。政策上要清理针对农民工的各种歧视政策，逐步取消城乡隔离的户籍制度，防范农民工失业返乡可能带来的收入增长中断风险。

五、增加财产性收入是扩大中等收入者比重的重要途径

对于中等收入者来说，财产性收入通常是其收入的重要来源。当前美国中等收入者的财产性收入占比达到 20% 左右，日本占 24% 左右，而瑞典能达到 30% 左右。相对来看，2018 年我国中等收入者的财产性收入占比不到 10%。未来要扩大中等收入者的重要着力点，就是要逐步放宽金融市场准入条件，深化以银行为主的金融体系改革，加快发展多层次资本市场，鼓励金融产品创新，开发适宜投资需求的金融产品，拓宽居民利息、股息、红利、租金、保险等财产性增收渠道。

六、防范中等收入者掉入低收入者行列

不管从何种角度看，当前我国中等收入者占比已经达到了一定水平。未来政策的核心，除了要进一步"提低"让低收入者进入到中等收入行列外，更重要的则是要稳定已经存在的中等收入者。当前有一部分中等收入者掉入到低收入行列，主要是由因病致贫、因学返贫所导致的，当然各种意外冲击也使得部分中等收入者又重新回到低收入者行列。从这个角度来

看，完善医疗保险、养老保险和失业保障等各种社会保障制度，增强政策的托底保护，应该是未来政策的核心。同时，要逐步放宽市场准入条件、优化市场竞争环境，进一步拓展城乡居民增收渠道，促进居民收入结构不断优化。

七、进一步增强中等收入者的作用贡献

中等收入者是消费的主要来源，是经济增长的动力来源和社会稳定的重要基础。然而，目前我国中等收入者的消费作用并没有得到充分发挥，中等收入者的边际消费倾向并不太高，仅比平均水平略高，且中等收入者的行为模式也并没有显著优于低收入者群体。这就使得本来存量上就并不高的中等收入者，没有发挥出本应起到的重要作用。未来政策上要把增强中等收入者的获得感、存在感和安全感作为核心，通过制度设计和政策托底来降低他们面临的各种风险，从而达到增强自主意识、提升边际消费倾向和稳定行为模式的目的，由此进一步提升中等收入者对经济增长和社会稳定的边际贡献。

八、以全面改革推动中等收入者比重扩大

扩大中等收入者比重，收入是结果，但深层次原因则是产业、教育和社会保障等各种相关的政策支撑。因此，要扩大中等收入者比重，必须要从经济社会的战略视角出发、从产业和就业结构的宏观视角理解。要扩大中等收入者比重，必须要从源头上提高教育质量、增加中高端就业比重、升级产业结构等。只有这样，才能从根本上增强中等收入者的就业和产业结构支撑。

近些年，我国已经基本建立了以财政转移支付、税收政策、社会保障制度为主要支柱的收入再分配体系，再分配政策显著提高了中等收入者比重。2018 年，我国各项再分配政策使我国中等收入者比重从 23.4% 上升到了 29.5%，提高了约 6 个百分点，政策效果明显。政府转移支付对中等收入者比重的影响最大，使中等收入者比重提高了 5.61 个百分点。个人收入所得税政策使得中等收入者比重小幅上升，这与个人收入所得税的政策累进性有关。未来要进一步完善个人收入所得税政策，完善税收的征收方

式，降低中低收入者的个人所得税负担，合理调节高收入者收入，增加对资本要素征收力度等，稳定中等收入者比重。

九、制订中等收入者比重扩大规划

近年来，居民收入增速下降、收入差距高位运行、消费贡献低迷等问题持续存在，提高中等收入者比重，不仅可以为缩小收入差距和提高消费比重问题提供出路，而且对于我国经济社会"调结构、稳增长、促发展、保稳定"具有重要意义。中等收入者规模扩大，意味着消费和服务市场的扩大，也会对区域发展格局产生影响。我国应大力推动中等收入者比重扩大，积极拉动内需，推动产业结构调整。在实现全面小康后，需要面向2035年扎实推进共同富裕目标，使中等收入者成为社会成员的大多数，需要采取措施促进中等收入者稳定扩容。

根据西方国家经验，只有以各种标准衡量的中等收入者比重超过50%时，收入结构、分配秩序和社会流动性才能与经济增长保持一致；也只有超过一半成员进入到中等收入者行列时，经济社会的治理才能保持稳定，因此我们也应朝着中等收入者占比达到50%的目标而努力。首先，这个目标基本可以实现，按照过去中等收入者比重的增长速度，再考虑新冠肺炎疫情影响导致全球经济下行而我国的收入增长优势突出，2035年我国的中等收入者占比就可以达到50%左右。其次，考虑到我国经济已从高速转向中高速增长，在国内外疫情和进出口影响的背景下，要实现2035年达到50%以上的目标，仍需要付出更多努力，需要引导更多资源投入到50%的目标上来。最后，考虑到过去经济增长目标带来的弊端，我们不应该把该类目标设置为强制性指标，而把它看作一个非强制的引导性目标。此外，考虑到我国省份区域差距较大，也建议各省份分别设定自己的工作目标，而不是全国统一设置同样的标准，并且建议不能带有考核性和强制性。

十、明确差异化的扩大中等收入者比重战略

我国脱贫攻坚已经取得了决定性胜利，向着共同富裕迈进了一大步，下一步的重点任务是确保大多数社会成员能够成为稳定的中等收入者，若中等收入群体规模持续扩大，则意味着离共同富裕目标越来越近。虽然以

各种标准来定义我国中等收入者比例还存在较大争议，但不管以哪种标准或方法来定义，城市“白领”群体、城镇自营就业的商贩群体、小微创业者、技能人才和科研人员等都应该是中等收入者的重要组成部分，基层干部队伍、农村中先富起来的新型职业农民和相当数量的农民工，也应该是其中的重要成员。

在“扩中”的政策设计中，应该避免从国家层面制定“一刀切”的数量标准，而应着眼于瞄准群体的实际增收效果，毕竟让重点群体增收并提高这些群体的消费增长和社会稳定，才是扩大中等收入群体政策的根本目标。在此基础上，还必须看到我国中等收入者内部存在很大的城乡、地区、人群差异。从职业类型上看，公司“白领”是中等收入者的主要构成，然后是科技人员、技能工人、小微创业者、企业管理人员和公务员群体。不同职业群体面临的主要问题和诉求存在很大差异，如小微企业创业者的诉求在于经营环境改善，而“白领”的主要问题在于教育、医疗负担减轻等。因此没有一蹴而就的“扩中”政策，需要制定差异化的“扩中”策略，针对不同中等收入者所面临的不同问题，有区别地解决他们的政策诉求。

第十四章　扩大中等收入者比重的政策建议

本章以中国现实政策诉求为出发点，研究制约我国中等收入者的政策瓶颈，提出扩大中等收入群体的实施方案，为扩大中等收入者比重和作用提出针对性政策建议。

一、产业结构升级支撑扩大中等收入群体

扩大中等收入者比重，要从产业和就业结构的宏观视角去理解。中国过去长期实行低端的产业结构和廉价的工业产品，通过进出口帮助其他国家创造了大量的中产者，而自身仍然停留在产业和收入水平的低端，因此要扩大中等收入者规模，就必须要从源头上增加中高端就业比重、调整产业结构等。只有这样，才能从根本上增强中等收入者的就业和产业结构支撑，也才能有效提升中国经济竞争力。

培育高素质人力资源是扩大中等收入者比重的重要支撑。其中，工资性收入是收入的主体，应该靠劳动改变命运，靠劳动积累财富并进入中等收入群体。以教育促进经济社会协调发展，推动经济增长与产业结构升级，进而提升从业者收入，扩大中等收入者比例。产业升级将更多地开发和利用中高级生产要素，会全面优化人力资本质量，提升资源配置水准，因此要把更多财力用于教育、卫生等基本公共服务支出，从而支持我国中等收入者比重稳定增长。

提升中等收入者在教育等发展型支出上的消费倾向，形成消费和收入的良性互动，通过教育提升人力资本存量，进一步提升中等收入者比重，推动经济良性有序发展，是提高中等收入者比重的另一个支撑。大力发展职业教育，增加对各种产业工人的职业技能培训，培育高技能、高素质的人力资源，以教育促进人力资本提升，推动经济增长与产业结构升级。

制造业发展对稳定农民工就业至关重要，我国制造业发展迅速、产业结构升级步伐稳健，贡献了大批就业岗位，对就业的拉动作用日益增强，为农民工稳就业提供了坚实支撑。加快发展先进制造业，继续推进产业结构优化升级，有助于制造业不断扩大就业吸纳能力；拓宽农民工就业渠道，帮助农民工收入实现持续增加，也是提高中等收入者比重的另一个支撑。

二、新型城镇化进一步推动城乡一体化改革

成功跨入高收入行列的国家，基本都消除了城乡二元结构。例如韩国在工业化过程中城乡居民收入始终保持在90%左右，他们在20世纪70年代就开展了新农村建设运动，且农民出售土地分享到城市化过程中的增值收益。而我国城乡两个市场发育程度不同，城市的要素都已市场化，但农村要素尚未完全市场化，城乡市场之间产生了一个虹吸效应，农村的劳动力、土地、资本源源不断流进城市，而城市的资源流不进农村，使得城乡差距持续保持高位。

我国城乡差距较大，西部农村地区存在较大比例的中低收入群体，他们有很大潜力步入中等收入者行列。着眼于潜在中等收入者，并让他们尽快进入中等收入者行列，是预期效果最明显的政策方向。一个重要的增长点就是城乡接合部，把农村变成城镇，走城乡共建的可持续发展道路，能进一步推动城乡一体化改革。如深化农村土地制度改革，推进宅基地流转和置换方式创新，推动农村土地资源变资产，推进以城带乡、城乡融合。

三、土地和资本市场的同权制度改革

对于中等收入者来说，财产性收入通常是其收入的重要来源。要扩大并稳定中等收入群体的重要着力点，是要逐步放宽金融市场准入条件，深化以银行为主的金融体系改革，加快发展多层次资本市场，鼓励金融产品创新，开发适宜投资需求的金融产品，拓宽城镇居民利息、股息、红利、租金、保险等财产性增收渠道。同时，要深化农村土地制度改革，推进宅基地流转、置换方式创新。财政资金投入农业农村形成的经营性资产，要折股量化到户，通过收益分配制度改革，稳步提高农民财产性收入。

扩大农村中等收入者群体，关键是要赋予农民土地财产权，对农村承包地、宅基地、集体经营性建设用地，实行所有权与用益物权分离，用益物权或财产权归农户，由此农户凭借对土地用益物权进行抵押、担保或转让，并获得财产性收入；推动集体建设用地入市，特别是创造条件让宅基地有序流转，让农村居民合理分享地方财政中的土地升值收益。

四、提高农民工的公共服务均等化

预期2030年我国常住人口城镇化率可能会达到70%左右，在劳动力资源充分流动和新型城镇化背景下，农民工已成为经济增长的重要动力源泉。2019年我国农民工数量已经达到2.9亿人，同时农民工收入也经历了快速增长，部分农民工的收入已超过中等收入门槛。可以说，由于农民工数量庞大、相当一部分农民工的收入已达到中等收入门槛，使得农民工是未来中等收入群体的重要来源。农民工市民化是中等收入者的稳定器，所以在政策上要继续稳定农民工收入持续提高的态势。

一要清理对农民工的各种歧视政策，解决农村到城市的转移人口安家落户、社会保障和获得公平的市民待遇，防范农民工失业返乡带来的收入增长中断。加快农民进城落户，提供应有的基本公共服务，给农民工同城市居民一样的地位和权利，实现基本公共服务均等化。二要提供更多的就业机会。要打破行政性垄断，开放市场、放宽准入，促进城乡要素市场的双向流动，鼓励农民进城，改革户籍制度等。三要把农民工生产、生活纳入城市发展规划。政府在制定规划时，要在力所能及范围内照顾到进城农民工及其家属的需要，让他们融入城市。四要注重解决农村留守人口的物质生活、精神生活、社会参与等面临的困难。通过土地确权、提高土地利用效率和发展规模，开辟新农村富裕建设之路，促进一部分人进入中等收入群体。

五、完善教育、医疗和养老制度以降低负担

未来要扩大中等收入群体的主要方向，首先是要进一步“提低”，让低收入者进入到中等收入群体，更重要的则是要稳定已经存在的中等收入群体。当前有一部分中等收入者掉入到低收入行列，这主要是因病致贫和

因学返贫所导致的，当然各种意外冲击也是引起相当一部分中等收入者向下流动的重要原因。因此完善教育、医疗、养老等各种制度，增强政策的托底保护应该是未来政策的核心，有关民生政策也需要进一步改革，增强政策的托底保护，从而支持中等收入者比重稳定增长。

要继续完善社会保障制度，发挥社保政策稳定中等收入者的作用。北欧和西欧的一些国家建立了比较健全、覆盖面很广的社会保障体系，这对于提升中等收入者抗风险的能力有重要作用，避免了中等收入者的向下流动。我国社会保障体系涉及养老、义务教育、医疗、住房、救济、抚恤、灾害应急等，也包括救济抚恤、救灾体系机制等。这些保障措施在防止中等收入者向下流动的同时，还能最大程度上减少中等收入者面临的不确定性，从而有效提高中等收入者的边际消费倾向。

六、稳定住房市场防止资产价格大起大落

股票和房产已成为中等收入者的重要财富载体。中等收入者大部分财富都配置在房产上，部分中等收入者还拥有证券资产。近几年我国股市和楼市波动较大，资金脱实向虚、金融体系内自我循环的现象明显，反映了实体经济与虚拟经济的结构失衡现状。下一步要按照中央的要求，进一步健全合理有序的房地产市场，变住房为消费性产品而非投机性商品，降低居民在住房支出中的结构占比。

资本市场大起大落，对中低收入居民产生了负面效果。地价、房价持续上升，严重增加了中等收入者负担。每次股市的大起大落，几乎都是对中等收入者的一次“洗劫”，房价过快增长则几乎把整个年轻一代从中等收入者拉入低收入阶层。股票资产的大起大落也增加了未来财产和收入的不确定性，这对中等收入群体的行为模式和社会态度产生消极影响，对居民消费模式和消费潜力改善也有很大的负面作用。因此必须要稳定宏观政策，抑制资产价格泡沫，想办法稳定大宗商品、股票和住房等资产的价格波动，防止资产价格的过度波动给中等收入者带来损害。

七、改善小微企业和私营经济的营商环境

大部分小微经营者、个体工商户等都是中等收入者，因此通过简政放

权、支持个体工商户的税收政策就非常必要。要逐步放宽市场准入条件、优化市场竞争环境，进一步拓展城乡居民增收渠道。要落实负面清单制度，降低市场准入门槛，减少对市场的直接干预，提高民营经济地位。鼓励企业家精神，保护企业家合理合法财富。加强对非公有制经济财产权的刑法保护，全面清理对不同所有制经济产权区别对待的法规，畅通市场主体对隐形壁垒的意见反馈渠道，推进企业市场注销便利化，完善市场公平竞争审查处理和回应机制。

完善竞争环境和政策，营造创新环境。推动优胜劣汰、产业升级，进一步推动“互联网+”等新技术与实体经济的融合，进一步开放要素市场，促进创新要素的流动与聚集。重点是国企、土地、财税、金融、政府体制、对外开放等领域改革的实质性推进，尤其是基础产业、生产性服务业和体现消费结构升级的生活性服务业。保护企业家的创新专利，保护人力资本产权，保护企业家自主经营合法权利。为企业家创造公平竞争的市场环境。尤其是各种合法产权应平等重要、平等待遇、平等保护。

八、提高财政转移支付的瞄准效率

在我国收入再分配体系中，政府转移支付对中等收入者比重的影响最大。政府转移支付使中等收入者群体比重提高了6.53个百分点。同时，在公共政策的再分配效应中，保障房建设、低保、基本公共服务支出等财政政策能解释收入差距降低的70%—90%。因此要扩大和稳定中等收入者群体，针对性提高财政转移支付政策的瞄准性，切实解决中低收入者的生活负担，让更多的低收入者迈入中等收入者行列。在支出结构上，财力应更多瞄准基础教育、医疗卫生、社会救助等公共服务与社会保护，倾斜性增加与民生相关的各种支出，加大社会保障和就业等民生领域支出，增加对农村和落后地区的教育和医疗投入，使得在提低方面具有坚实的财力保障。

九、增加直接税比重以稳定中等收入群体

目前我国仍然是一个以间接税为主的国家，直接税的干预调控不足，无法有效调节收入群体被固化的现象。我国“遗产税草案”自2004年提

交全国人民代表大会立法讨论后，2013 年又重新退回到“研究在适当时期开征遗产税问题”。而住房保有环节税负很低，难以发挥调节家庭住房财产的作用。目前，个人住房保有环节房地产税仍处于试点阶段，改革时间表尚未明确。从实际情况看，以间接税为主的税制，不仅加大了企业税收负担，而且还可能会产生税收逆向调节矛盾，导致中低收入者实际承担的流转税税负要大于高收入者。

政策上必须要逐步改变以间接税为主的税制结构，逐步提高直接税比重，由此培育和壮大中产阶层。要继续降低工薪税负担，尤其是减轻依靠工资的中等收入者负担，加强对高收入者的征管。完善个人所得税制度，实行综合与分类相结合的办法，减少对中低收入者和劳动要素的征收，从而切实提高中等收入者比重。

十、新形势下创新调控政策工具

首先是探索对劳动生产过程制定机器人税，这在全球基本形成共识，很多发达国家也已经实施。对于中国这样以制造业为支柱的国家来说，值得我们关注和研究。其次，芬兰 2015 年成功在全国层面真正实施全民基本收入计划，目前有多个国家在不同层面出台了类似政策。我国当前实施这个政策是不现实的，也远超出目前的发展阶段，但长期来看应该允许在少数发达地域试点，从而为未来探索经验与教训。再次是对资本存量征税，涉及直接财产调节。目前在西方很多国家，其财产差距扩大已经伤及到整个社会的基本运行规则，这也值得我们研究讨论。

最后是加强对舆论的正面引导。在信息大爆炸时代，海量且无序的互联网信息，有时不是让人们更加理性认识到真实的收入分配状况，反倒是容易渲染不平等氛围，尤其是各种炫富信息的泛滥传播会刺激个体主观神经。在分配政策信息不透明的情况下，可能会放大个体对不平等的感知，并加剧对公共政策的不满。近年来拉美及北非国家的案例证明，反倒是中等收入者最容易爆发激进情绪、引发社会问题，因此近年来很多国家都加强了网络治理，提高正面宣传和舆论引导，稳定中等收入者群体的社会信心，并增强中等收入者在经济社会全局中的作用。

表目录

图目录

附录　指标解释与词类简称表

指标解释

家庭人口	指居住在一起，经济上合在一起共同生活的家庭成员
常住人口	全年经常在家或在家居住6个月以上，而且经济和生活与本户连成一体的人口。外出从业人员在外居住时间虽然在6个月以上，但收入主要带回家中，经济与本户连为一体，仍视为家庭常住人口
劳动力	指调查期内常住人口中16周岁到60周岁的劳动力，虽然在劳动年龄之内，但已丧失劳动能力的人，不应算为劳动力
转移劳动力	指举家外出住户的劳动力和常住人口中外出从业6个月以上，或未外出从业，但在本地非农产业从业6个月以上的劳动力
总收入	住户和住户成员从各种来源渠道得到的收入总和。按收入的性质划分为工资性收入、家庭经营收入、财产性收入和转移性收入，不包括出售财物和借贷收入
工资性收入	农村中，指住户成员受雇于单位或个人，靠出卖劳动而获得的收入，包括在非企业组织中劳动得到的收入，在本地劳动得到的收入，常住人口外出从业得到的收入。城镇中，是指就业人员通过各种途径得到的全部劳动报酬，包括从事主要职业的工资以及从事第二职业、其他兼职和零星劳动得到的其他劳动收入
家庭经营收入	住户以家庭为生产经营单位进行生产筹划和管理而获得的收入。是全部生产经营收入中扣除生产成本和税金后所得的收入
财产性收入	指金融资产或有形非生产性资产的所有者向其他机构单位提供资金或将有形非生产性资产供其支配，作为回报而从中获得的收入
转移性收入	指住户和住户成员无须付出任何对应物而获得的货物、服务、资金或资产所有权等，不包括无偿提供的用于固定资本形成的资金。一般指指国家、单位、社会团体对居民家庭的各种转移支付和居民家庭间的收入转移
总支出	住户用于生产、生活和再分配的全部支出。家庭经营费用支出、购置生产性固定资产支出、生产性固定资产折旧、税费支出、生活消费支出、财产性支出和转移性支出

续表

现金收入	指农村住户和住户成员在调查期内得到以现金形态表现的收入。按来源分成工资性收入、家庭经营现金收入、财产性收入、转移性收入
非收入所得	指住户和成员得到的不具收入特性的款项。非收入所得也可用于住户和成员的消费支出，包括支取的储蓄存款、出卖财产得到的款项、借款、贷款和其他款项

词类简称表

CHIP	中国住户收入调查数据	China Household Income Project Survey
CFPS	中国家庭动态跟踪调查	Chinese Family Panel Studies
CHFS	中国家庭金融调查	China Household Finance Survey
CPI	消费价格指数	Consumer Price Index
ENGEL	消费恩格尔系数	Engel index
GINI	基尼系数	Gini Coefficient
MPC	边际消费倾向	Marginal Propensity to Consume
MOF	财政部	Ministry Of Finance
NBS	国家统计局	National Bureau Of Statistics
NDRC	国家发展和改革委员会	National Development And Reform Commission
OECD	联合国经济合作与发展组织	Organization For Economic Co – Operation And Development
PIE	个体私人企业	Private Or Individual Enterprise
PIT	个人所得税	Personal Income Tax
PITL	个人所得税法	Personal Income Tax Law
PPP	购买力平价	Purchasing Power Parity
RUMIC	城乡劳动力调查数据	Rural – Urban Migration In China Project
SAR	国家税务总局	State Administration Of Taxation
SOE	国营企业	State – Owned Enterprise
SR	居民储蓄率	Saving Rate for Households
TVE	乡镇企业	Township – Village Enterprise
UCE	城镇集体企业	Urban Collective Enterprise
VAT	增值税	Value – Added Tax
WTO	世界贸易组织	World Trade Organization

参考文献

1. 曹明、郭栋："构建和谐社会与扩大中等收入者比重"，《中州学刊》2005 年第 5 期。

2. 崔岩、黄永亮："中等收入群体客观社会地位与主观阶层认同分析——兼议如何构建主观阶层认同上的橄榄形社会"，《社会发展研究》2017 年第 3 期。

3. 范园园、赵丽琴："我国中产阶层主观认同研究述评"，《黑河学刊》2014 年第 1 期。

4. 方辉振："扩大中等收入者比重的依据和途径"，《理论前沿》2003 年第 10 期。

5. 甘犁："中国有多少中产阶层?"，《第一财经日报》2015 年 11 月 18 日。

6. 国家发改委社会所课题组："扩大中等收入者比重的实证分析和政策建议"，《经济学动态》2012 年第 5 期。

7. 国家统计局城调总队课题组："6 万—50 万元：中国城市中等收入者探究"，《数据》2005 年第 6 期。

8. 国务院扶贫办：《中国扶贫开发年鉴 2016》，中国财政经济出版社 2016 年版。

9. 韩钰、仇立平："中国城市居民阶层地位认同偏移研究"，《社会发展研究》2015 年第 1 期。

10. 何立新、佐藤宏："不同视角下的中国城镇社会保障制度与收入再分配"，《世界经济文汇》2008 年第 5 期。

11. 胡鞍钢："中国特色扶贫开发道路"，《中宣部治国理政论坛"共享发展理念"研讨会》2016 年 11 月 28 日。

12. 胡锦涛：《坚定不移沿着中国特色社会主义道路前进为全面建成小康社会而奋斗——在中国共产党第十八次全国代表大会上的报告》，人民出版社 2012 年版。

13. 纪宏、陈云："我国中等收入者比重及其变动的测度研究"，《经济学动态》2009 年第 6 期。

14. 雷开春："白领新移民的地位认同偏移及其原因分析"，《青年研究》2009 年第 4 期。

15. 李春玲："中国当代中产阶层的构成及比例"，《中国人口科学》2003 年第 6 期。

16. 李春玲："社会阶层的身份认同"，《江苏社会科学》2004 年第 6 期。

17. 李春玲："如何定义中国中产阶级，划分中国中产阶级的三个标准"，《学海》2013 年第 3 期。

18. 李春玲："中国中产阶级的不安全感和焦虑心态"，《文化纵横》2016 年第 4 期。

19. 李培林、张翼："中国中产阶级的规模、认同和社会态度"，《社会》2008 年第 2 期。

20. 李培林、张翼："消费分层：启动经济的一个重要视点"，《中国社会科学》2000 年第 1 期。

21. 李培林、张翼："中国中产阶级的规模、认同和社会态度"，《社会》2008 年第 2 期。

22. 李培林、朱迪："努力形成橄榄形分配格局"，《中国社会科学》2015 年第 1 期。

23. 李强："关于中产阶级的理论与现状"，《社会》2005 年第 1 期。

24. 李强："中国离橄榄形社会还有多远——对于中产阶层发展的社会学分析"，《探索与争鸣》2016 年第 8 期。

25. 李实等："我国中等收入者问题研究"，北京师范大学中国收入分配研究院报告，2017 年 12 月。

26. 刘欣："中国城市的阶层结构与中产阶层的定位"，《社会学研究》2007 年第 6 期。

27. 卢福营、张兆曙："客观地位分层与主观地位认同"，《中国人口科学》2006 年 3 期。

28. 苗树彬、方栓喜："扩大中等收入者是个大战略"，《学习月刊》2013 年第 9 期。

29. 齐艳玲："扩大消费需求与提高中等收入者的比重"，《特区经济》2007 年第 7 期。

30. 苏海南："我国中等收入者的产生、发展和现状"，《人事天地》2016年第12期。

31. 万海远："中等收入群体与财税政策"，《北方经济》2017年第6期。

32. 万海远：《走向共同富裕之路》，人民出版社2022年版。

33. 万海远："共同富裕的理论内涵与量化方法"，《财贸经济》2021年第12期。

34. 王朝明、李梦凡："极化效应下我国中等收入者群体的发展问题"，《数量经济技术经济研究》2013年第6期。

35. 王小鲁："中等收入者发展状况及影响因素"，"第九届中挪社会政策论坛"2017年4月。

36. 谢熠："客观阶层地位与主观阶层认同——基于CSS2013的实证分析"，《重庆交通大学学报（社会科学版）》2017年第6期。

37. 谢颖："阶层认同、地位变化和机会公平意识"，《广州大学学报（社会科学版）》2010年第6期。

38. 杨灿："中等收入者主观认同感与社会态度研究"，《北京社会科学》2019年第4期。

39. 杨修娜、万海远、李实："我国中等收入群体比重及其特征"，《北京工商大学学报（社会科学版）》2018年第6期。

40. 张娟、金娜："当代中国中间阶层的社会认同分析"，《理论观察》2007年第2期。

41. 张翼："当前中国中产阶层的政治态度"，《中国社会科学》2008年第2期。

42. 中国共产党中央委员会：《中共中央关于全面深化改革若干重大问题的决定》，人民出版社2013年版。

43. 住房和城乡建设部住房公积金司，2016：《全国住房公积金2015年年度报告》，http://www.mohurd.gov.cn/wjfb/201605/t20160531_227668.html。

44. Alesina Alberto & Perotti Roberto (1996), "Income Distribution, Political Instability and Investment", *European Economic Review*, 40 (6): 1203-1228.

45. Arampatzi, E., Burger, M., Ianchovichina, E., Röhricht, T., and Veenhoven, R., 2018, "Unhappy Development: Dissatisfaction with Life on the Eve of the Arab Spring", *Review of Income and Wealth*, 64 (s1): 80-113.

46. Banerjee, A. V. & Duflo, E. (2008), "What is Middle Class about the Middle Class around the Word?", *Journal of Economic Perspectives*, 22

(2): 3 – 28.

47. Barro Robert J. (1999), "Determinants of Democracy", *Journal of Political Economy*, 107 (6): 158 – 183.

48. Barton Dominic, Yougang Chen & Amy Jin (2013), "Mapping China's middle class", *The McKinsey Quarterly*, June.

49. Bhalla, S. (2007), "Second among Equals: The Middle Class Kingdoms of India and China.", *Peterson Institute for International Economics*, Washington, DC. Available at: https://ssbhalla.org/2015/08/25/second – among – equals – the – middle – class – kingdoms – of – india – and – china/.

50. Bhattacharya, Sourav, Joyee Deb, and Tapas Kundu., 2015, "Mobility and Conflict", *American Economic Journal: Microeconomics*, 7 (1): 281 – 319.

51. Blackburn M & Bloom, D. (1985), "What is Happening to the Middle Class?", *American Demographics*, 7 (1): 18 – 25.

52. Bonnefond, C., Clément, M. & Combarnous, F. (2013), "In Search of the Elusive Chinese Urban Middle Class: An Exploratory Analysis", *Post – Communist Economics*, 27: 41 – 59.

53. Campante, Filipe R., and Davin Chor., 2012, "Why Was the Arab World Poised for Revolution? Schooling, Economic Opportunities and the Arab Spring", *Journal of Economic Perspectives*, 26 (2): 167 – 188.

54. Chen, C & Qin, B. (2014), "The Emergence of China's Middle Class: Social Mobility in a Rapidly Urbanizing Economy", *Habitat International* 44: 528 – 535.

55. Clementi, F., Dabalen, A. L., Molini, V., and Schettino, F., 2017, "When the Centre Cannot Hold: Patterns of Polarization in Nigeria", *Review of Income and Wealth*, Vol. 63 (4): 608 – 632.

56. Cooper R. N., 2014, "Prospects for the World Economy in 2035", Working paper, Department of Economics, Faculty of Arts and Sciences, Harvard University.

57. Credit Suisse Research Institute (2015), "Global Wealth Report 2015", Available at: http://publications.credit – suisse.com/index.cfm/publikationen – shop/research – institute/global – wealth – report – 2015 – en/.

58. Davis Joe C. & Huston John H. (1992), "The Shrinking Middle – Income Class: A Multivariate Analysis," *Eastern Economic Journal*, 18 (3):

277 – 285.

59. Easterly William (2001), "Middle Class Consensus and Economic Development", *Journal of Economic Growth*, 6 (4): 317 – 335.

60. Erikson, Robert & Gold Thorpe John H. (1992), "The Constant Flux: A Study of Class Mobility in Industrial Societies", Oxford: Clarendon Press.

61. Farrell Diana, Gersch Ulrich A. & Stephenson Elizabeth (2006), "The Value of China's Emerging Middle Class", *The McKinsey Quarterly*: 60 – 69.

62. Handcock, M. S., and Martina Morris., 2006, "*Relative Distribution Methods in the Social Sciences*". New York: Springer – Verlag Inc.

63. Kacapyr, Elia, Peter Frangces & Diane Crispell (1996), "Are You Middle Class? Definitions and Trends of US Middle – Class Households", *American Demographics*, 5 (18): 30 – 35.

64. Kharas H., 2017, "The Unprecedented Expansion of the Global Middle Class: An Update", Global Economy and Development Working Paper 100 at Brookings.

65. Kharas, H (2010), "The Emerging Middle Class in Developing Countries", Paris, OECD Development Centre Working Paper No 285 accessible at: http://www.oecd – ilibrary.org/docserver/download/5kmmp8lncrns.pdf? expires = 1457359363&id = id&accname = guest&checksum = A97EAD32ECEC2 A90B975468E6CC53CE8.

66. Milanovic. B. & Yitzhaki, Shlomo (2002), "Decomposing World Income Inequality: Does the World Have a Middle Class?", *Review of Income and Wealth*, 48, 155 – 178.

67. Partridge Mark D. (1997), "Is Inequality Harmful for Growth? Comment", *American Economic Review*, 87 (5): 1019 – 1032.

68. Pew Research Center (2015), "The American Middle Class is Losing Ground: No longer the majority and falling behind financially", Available at: http://www.pewsocialtrends.org/2015/12/09/the – american – middle – class – is – losing – ground/.

69. Ravallion, M. (2010), "The Developing World's Bulging (but Vulnerable) Middle Class", *World Development*, 38: 445 – 454.

70. Solimano Andrés (2008), "The Middle Class and Development Process", CEPAL – Serie Macroeconomía del desarrollo No. 65, April.

71. Szelenyi, Ivan & Bill Martin. (1988), "The Three Waves of New Class Theories". *Theory and Society*, 17: 645 – 667.

72. Thompson, William & HickeyJoseph. (2005), *Society in Focus.* Boston, MA: Pearson.

73. Woff. Edward N. (2010), "Recent Trends in Household Wealth in the United States: Rising Debt and the Middle – Class Squeeze – An Update to 2007", *Levy Economics Institute of Bard College Working Paper No.* 589, available at: http: //ssrn. com/abstract = 1585409.

74. World Bank (2007), "Global Economic Prospects 2007: Managing the Next Wave of Globalization", World Bank, Washington, DC.: 73 – 74.

75. Wright Erik Olin (1985), "Classes", London: Verso.

76. Yuan, Z., Wan, G. & Khor, N. (2012), "The Rise of Middle Class in Rural China", *China Agricultural Economic Review*, 4: 36 – 51.

后　记

近年来关于消除绝对贫困的研究较多，作为在本专业领域的研究人员，我们也开展了相关的政策和学术研究。自2016年初起，我们将工作按收入维度分成三个板块，包括减贫、“扩中”和高净值人群。经过将近4年的艰苦探索之后，高净值人群课题组从无到有，已初步建立了一个高收入数据库，应该说取得了较大进展。有关“扩中”的课题因具备良好的数据和研究基础，故一直在平稳地进行。我们先后组织了多次内外部研讨会，而且借助政策研究时的便利还组织了多次实地调研，走访了广东、江苏、上海、湖北等中等收入群体相对集中的地区，在此基础上开展了学术研究工作，本书就是这些研究成果的集中展示。

在研究过程中，我们感觉到学术上对于中等收入者的研究已经比较多了，但是政策上对于中等收入者的研究诉求却还在与日俱增，这说明学术研究虽然多但并不充分，而且也说明随着经济社会形势的变化，已经要求我们要把扩大和稳定中等收入群体当作重大战略来对待了。从这个角度来说，关于中等收入者有意义的研究，应该更加侧重当前经济社会形势的变化，更加突出中等收入者在稳增长、促和谐方面的实际政策效果及下一步的政策建议，因此描述事实、揭示问题和提出对策就应成为本书的核心出发点。尤其是，政策制定部门特别关注，收入达到多少才算是中等收入者，我国的中等收入群体在国际横向与时间纵向增长比较上如何，中等收入者的特征情况怎样，未来要“扩中”的政策指向在哪里，要“扩中”的重点群体有哪些，采用哪些政策才能有效扩大中等收入者比重，当前需要出台哪些措施才能够稳定并扩大他们的作用贡献并服务于经济社会大局等。

关于中等收入者是一个大家耳熟能详而且门槛度很低的话题，我国中等收入者的比重相对偏低，他们的主观和客观认同感不够高，尤其是中等收入者近年来面临的支出负担较重等。但是这些观察缺乏坚实的数据支撑。作为一项重大的公共政策，过去虽然在中等收入群体的不同方面有较多研究，但是成体系地对我国中等收入群体的系统性实证研究并不太多。利用住户调查数据优势，我们对中等收入群体问题进行了全方位的定量研究，而本书就是其中之一。可以说，本书在实证意义上提供了关于我国中等收入者的多维描述，是对近期如何扩大中等收入群体政策的有益补充，为大家思考中等收入者改革的下一步思路提供参考。

这一具有显著重要意义的选题，其实最早来源于2016年3月，后来我们也多次讨论，并不断思考稳定和扩大中等收入者的学术和政策问题。从2016年开始到2019年底基本完成初稿，再经过这几年不断修改之后，才有了本书现在的这个版本。特别是后来由于各种原因，书稿又有了几次大的变动，也更换了相关章节，由朱志凯和王盈斐对所有数据进行了更新。本书以事实描述和基础性问题的提炼为主，主要定位为政策导向性研究，没有深入研究与中等收入者相关的变量因果关系。在分析过程中，感谢相关老师的详细意见，李实教授、宋晓梧教授花了大量时间指导，感谢杨修娜、杨灿、杨玉梅、沈扬扬、朱志凯、王盈斐等在数据处理和分析中的重要贡献，他们也撰写了相关章节，并在不同阶段参与了数据研究和写作工作，在书稿后期我们又多次修订，并更新了全书所有数据。感谢相关机构在研究过程中对课题数据和研究内容的修改建议，也要对本研究领域各位被引用和没有被引用的文献作者表示感谢，正是在他们的基础上，才有可能完成现在的这本著作。当然书中观点和结论不代表任何相关机构，也不代表任何其他人，文责自负。

作者

2022年3月14日

图书在版编目（CIP）数据

中等收入者的结构特征与扩大路径／万海远等著
.--北京：中国财政经济出版社，2022.9
国家社科基金后期资助项目
ISBN 978-7-5223-1552-2

Ⅰ.①中… Ⅱ.①万… Ⅲ.①国民收入分配-研究-中国 Ⅳ.①F124.7

中国版本图书馆 CIP 数据核字（2022）第 114879 号

责任编辑：吕小军　　　　责任校对：张　凡
封面设计：卜建辰　　　　责任印制：党　辉

中国财政经济出版社 出版
URL：http：//www.cfeph.cn
E-mail：cfeph@cfeph.cn

社址：北京市海淀区阜成路甲 28 号　邮政编码：100142
营销中心电话：010-88191522
天猫网店：中国财政经济出版社旗舰店
网址：https：//zgczjjcbs.tmall.com
北京财经印刷厂印刷　各地新华书店经销
成品尺寸：165mm×238mm　16 开　10.25 印张　170 000 字
2022 年 11 月第 1 版　2022 年 11 月北京第 1 次印刷
定价：56.00 元
ISBN 978-7-5223-1552-2
（图书出现印装问题，本社负责调换，电话：010-88190548）
本社质量投诉电话：010-88190744
打击盗版举报热线：010-88191661　QQ：2242791300